友だちとのかかわりを促すモチベーション

自律的動機づけからみた友人関係

岡田 涼 著

北大路書房

まえがき

「モチベーション」という言葉は，広く使われるようになってきています。書店のビジネス書のコーナーでは，「モチベーションを高める○○」のような本がたくさん並んでいますし，メディアなどでスポーツ選手が自分のモチベーションに言及することも少なくありません。「モチベーション」という言葉や考え方はすっかり市民権を得ているようです。もちろん，教育場面ではずっと前から「やる気」や「学習意欲」という言葉で，モチベーションが注目されてきました。仕事やスポーツ，教育などを行っていくうえでモチベーションは大事だと多くの人が考えているでしょう。

そんななかで，あるとき「モチベーションが大事なのは友人関係も同じじゃないかな」とふと思いました。それが本書で紹介する研究のはじまりでした。モチベーションという言葉は，「動機づけ」と訳されますが，何かをするときのエネルギーに例えられることがあります。友人とかかわるときにもエネルギーがないとうまくいきません。面識がない状態から次第に仲良くなっていくのにも，けんかをした友人とうまく仲直りをするのにも，心理的なエネルギーが必要です。さらに，そのエネルギーの質も人によって違うかもしれません。そんなことを考えて，モチベーションという視点から友人関係を捉えようとする研究を進めてきました。そして，研究を進めてきたなかで，私はモチベーションという視点が友人関係を理解するのに役立つ部分があると感じています。みなさんにも同じように感じていただけるかどうかを問うてみたいというのが本書の背景にある動機です。

本書の構成の仕方について，最初に少し説明しておいた方がよいかもしれません。各章は，イントロ，本文，サマリーの3つの部分から構成されています。イントロとサマリーは，本文の内容をよりわかりやすく伝えるために設定したものです。イントロでは，本文で研究上の問題としていることを，日常でみられる疑問として提起しています。サマリーのページでは，本文の研究内容を要約していいとこどりで解説しています（「いいとこ」はないかもしれませんが

…)。本文は学術論文のスタイルを守って書いているため，なじみのない人にはやや難解な表現が多いかもしれませんが，イントロとサマリーはなるべく平易な言葉での説明を心がけました。少なくともイントロとサマリーだけ読んでもらえれば，研究の背景にある問題意識と研究結果の概要を知ってもらえるように書いたつもりです。また，そのめりはりをつけるために，イントロとサマリーは「ですます」調，本文の研究内容は「である」調というふうに語り口も変えています。テレビ番組でいうと，イントロとサマリーはスタジオでの解説，本文は研究者が登場するVTRといったところかと思います。

また，本文で紹介される研究とは別にいくつかのコラムを載せています。コラムでは，友人関係について論じている最近の新書を取り上げ，本書のテーマであるモチベーションの観点からどのように理解できるかを書いています（コラムも「ですます」調です）。新書の内容についても簡単に紹介していますので，興味をもたれた方は原典を読んでいただければと思います。本書で取り上げた新書は，どれも友人関係の問題について考えるうえでよい入り口になるものです。

それから，「動機づけ」と「モチベーション」という言葉の使い方についても注意していただきたいことがあります。「ですます」調の部分では，「モチベーション」という用語を使い，本文では「動機づけ」という用語を使っていますが，基本的には同じ意味だと思ってください。論文などで使われる学術用語としては，「動機づけ」と表記することが多いですが，一般の読者の方にとっては「モチベーション」という表現の方がなじみがあるように思います。そのため，本文での「動機づけ」に関する研究結果を，イントロやサマリーでは「モチベーション」と言い換えています。

細かい説明はこれぐらいにして，さっそく本編に進んでいただきましょう。本書を読み終えられた後にみなさんがどのような感想をもたれるか，期待と不安を抱きつつ，研究内容を紹介していきたいと思います。

目 次

まえがき　i

第1章　友人関係と動機づけ
―友人とのかかわりにモチベーションは必要か？ …………………3

第1節　これまでの友人関係研究の知見とその問題点　4
　1．友人関係をめぐる問題　2．友人関係研究の知見　3．これまでの友人関係研究の問題点と限界

第2節　動機づけ研究の概観　15
　1．動機づけ研究における対人関係：社会的側面への注目　2．自己決定理論

第3節　友人関係の形成・維持過程の自律的動機づけモデル　23
　1．友人関係に対する動機づけ　2．親密な友人関係の形成・維持過程の自律的動機づけモデル

第4節　本書の目的と構成　26
　1．本書の目的　2．本書の構成

Summary　29

第2章　友人関係に対する動機づけの測定
―友人とかかわるモチベーションをどのように測るか？ ……………31

第1節　自律的動機づけ尺度の特徴および第2章の目的　32
　1．自律的動機づけ尺度の特徴　2．第2章の目的

第2節　友人関係に対する動機づけ尺度の作成および妥当性・信頼性の検討（研究1）　34
　1．目的　2．方法　3．結果　4．考察

第3節　友人関係に対する動機づけ尺度の弁別的妥当性の検討（研究2）　42
　1．目的　2．方法　3．結果　4．考察

第4節　友人関係に対する動機づけの発達差（研究3）　48
　1．目的　2．方法　3．結果　4．考察

第5節　友人関係に対する動機づけの測定（第2章のまとめ）　52
　1．第2章の知見　2．第2章に関連するその他の研究知見　3．残された課題と第2章の問題点

Summary　56

コラム1　57

iii

第3章 友人関係に対する動機づけと友人とのかかわり
　　　——どのようなモチベーションが友人とのかかわりを促すか？ …………59
　第1節　友人とのかかわりに関する研究知見および第3章の目的　*60*
　　1．友人とのかかわりに関する知見　　2．第3章の目的
　第2節　友人関係に対する動機づけと向社会的行動との関連（研究4）　*62*
　　1．目的　　2．方法　　3．結果　　4．考察
　第3節　友人関係に対する動機づけと自己開示との関連（研究5）　*68*
　　1．目的　　2．方法　　3．結果　　4．考察
　第4節　友人関係に対する動機づけと攻撃性との関連（研究6）　*76*
　　1．目的　　2．方法　　3．結果　　4．考察
　第5節　友人関係の形成初期場面における動機づけと親和傾向との関連（研究7）　*82*
　　1．目的　　2．方法　　3．結果　　4．考察
　第6節　友人とのかかわりにおける動機づけの役割（第3章のまとめ）　*88*
　　1．第3章の知見　　2．第3章に関連するその他の研究知見　　3．残された課題と第3章の問題点
　Summary　*93*
　コラム2　*94*

第4章　友人関係に対する動機づけと学習活動
　　　——友人とかかわるモチベーションは学習活動を促すか？ ……………*95*
　第1節　学習と友人関係との関連についての研究知見および第4章の目的　*96*
　　1．学習と友人関係との関連についての研究知見　　2．第4章の目的
　第2節　友人関係に対する動機づけと学業的援助要請との関連（研究8）　*98*
　　1．目的　　2．方法　　3．結果　　4．考察
　第3節　友人関係に対する動機づけと友人との学習活動（研究9）　*105*
　　1．目的　　2．方法　　3．結果　　4．考察
　第4節　友人関係に対する動機づけが学習場面で果たす役割（第4章のまとめ）　*113*
　　1．第4章の知見　　2．第4章に関連するその他の研究知見　　3．残された課題と第4章の問題点
　Summary　*116*
　コラム3　*117*

第5章 友人関係に対する動機づけの背景要因
——なぜ友人とかかわるモチベーションの個人差は生じるか？ ……………119

第1節 自律的動機づけの促進／抑制要因に関する研究知見および第5章の目的　*120*
　1．自律的動機づけの促進／抑制要因についての知見　2．第5章の目的

第2節 外的報酬の顕現化が友人関係に対する内発的動機づけに及ぼす影響（研究10）　*122*
　1．目的　2．方法　3．結果　4．考察

第3節 日常の受容・拒絶経験と友人関係に対する動機づけとの関連（研究11）　*130*
　1．目的　2．方法　3．結果　4．考察

第4節 友人関係イベントと友人関係に対する動機づけとの関連（研究12）　*135*
　1．目的　2．方法　3．結果　4．考察

第5節 友人関係に対する動機づけの背景要因（第5章のまとめ）　*142*
　1．第5章の知見　2．第5章に関連するその他の研究知見　3．残された課題と第5章の問題点

Summary　*146*

コラム4　*147*

第6章 動機づけの視点からみた友人関係
——友人関係においてモチベーションはどのような役割を果たしているか？ ………149

第1節 本書の知見のまとめ　*150*
　1．第6章の流れ　2．知見の要約　3．本書の意義

第2節 友人関係に対する動機づけを扱った諸研究　*156*
　1．達成目標理論　2．社会的目標理論　3．自己効力感理論

第3節 友人関係に対する動機づけ研究のこれから　*159*
　1．本書の課題と今後の研究の方向性　2．動機づけの視点からみた友人関係

Summary　*163*

出典一覧　*165*
引用文献　*167*
事項索引　*187*
人名索引　*189*
あとがき　*196*

友だちとのかかわりを促すモチベーション
―自律的動機づけからみた友人関係―

第 1 章

友人関係と動機づけ
——友人とのかかわりにモチベーションは必要か？

　「友だち」や「友人」と聞くと，みなさんはどのようなことを思い浮かべますか。よき相談相手，よき支援者，よきライバル。「自分を支え，成長させてくれる存在」といったように，何かあたたかいイメージをもつ人が多いのではないでしょうか。友人関係のすばらしさや友情の美しさを描いた映画や小説，漫画は数多くありますし，ポピュラー・ソングのテーマとしてもよく取り上げられています。一方で，「友人関係に疲れた」とか「友だち関係がうまくいかないのが悩み」といったことを耳にすることも少なくありません。友人との関係が，何か負担になるような煩わしいもの，あるいは悩みの種になるような困ったものに感じられることもあるでしょう。よい友人に恵まれて，毎日を楽しく過ごしている人もいれば，友人との関係に悩んでいる人も少なからず存在しているのが実際のところではないでしょうか。どうも友人関係にはよい面と悪い面の両方があるようです。

　では，そういった友人関係の違いが出てくるのはなぜでしょうか。その違いを考えるにあたって，本書では友人関係に対するモチベーションに注目します。「モチベーションって，スポーツとか仕事に使う言葉だよね」と思った人が多いかもしれません。モチベーションは，日本語に訳すと動機づけです。もっと日常的な言葉にすると意欲です。「友人とかかわる意欲が大事なんです」といいかえれば，もう少しわかってもらえるでしょうか。わかってもらったとしても，「いやいや，人間関係はスキルだよ。うまいかかわり方があるんだ」という人もいるかもしれません。しかし本当に友人関係はスキルだけで決まるのでしょうか。

　第1章では，人が親密な友人関係を築いていくプロセスをモチベーションの視点から考えていきます。これまで行われてきた友人関係に関する研究とモチベーションに関する研究を見わたしながら，友人関係におけるモチベーションの役割を考えていきましょう。

第1節　これまでの友人関係研究の知見とその問題点

1．友人関係をめぐる問題

　友人関係の問題は，古くから人々の最大の関心事の1つであった。様々なかたちで，人は友人関係について考え続けてきた。例えば，文学の歴史において，親しい友人との関係は繰り返し取り上げられてきたテーマであり，多くの作家が望ましい友人関係や友情のあり方を描こうとしてきたとされている（高橋，2001）。哲学の文脈においても，友人や友情の意味を明らかにしようとする議論は，古来より常に行われてきた（清水，2005）。理想的な友人関係のあり方や友情がどのようなものであるかという問いは，いつの時代にも人々が多大な関心を寄せるテーマであった。

　親しい友人との関係は，社会への適応や精神的な安定にとって重要な役割を担っている。人は友人とのかかわりのなかでルールや規範を学び，社会で適応的に生きていくためのスキルを身につける。また，親密な友人の存在によって，心理的な安寧を得ることができ，それを支えとして否定的な出来事から立ち直っていくという面もある。実際，多くの若者は友人関係を重要なものとして捉えている。例えば，厚生労働省（2011）の「平成21年度全国家庭児童調査」では，小学5年生から18歳までの児童において，58.1％が大切だと思うものとして「友だちがたくさんいること」を挙げている。同様に，ベネッセ教育研究開発センター（2010）が小学生から高校生を対象に行った調査では，約7割が「友だちといつも一緒にいたい」と回答している。多くの青年にとって，親しい友人の存在は欠かすことのできないものである。

　しかし，現実には，必ずしも親密な友人関係を築いているものばかりではない。友人関係のあり方が様々な問題にかかわっている部分もある。教育場面に目を向けてみると，不登校やいじめといった問題の背景には，友人関係のあり方が深くかかわっている。現代教育研究会（2001）が不登校生徒に対して行った調査によると，学校を休み始めたきっかけとしてもっとも多かったのが「友人関係をめぐる問題」であり，45％の生徒がこの理由を挙げている。平成22年

度児童生徒の問題行動等生徒指導上の諸問題に関する調査（文部科学省，2011）でも，不登校になったきっかけとして，約15％が「友人関係をめぐる問題」を挙げており，学校に係る状況のなかではもっとも多いものとなっている。

また，現代青年の重要な特徴として，「対人関係の希薄化」が指摘されることがある。現代の青年は，他者と深くかかわることを避け，表面的な付き合いに終始しているというのである（落合・竹中，2004；大平，1995；千石，1994，2001）。1980年代頃から指摘されはじめた希薄化の問題は，現代青年の友人関係を語るうえでのキーワードとして広く用いられている。必ずしも実証的なデータによって支持されているわけではないものの，友人との間で表面的な関係をもちやすいこと，またその背後に自己が傷つくことに対する恐れや不安があることを現代青年の特徴として捉える論考は少なくない（菅野，2008；山脇，2010；吉岡・高橋，2010）。

友人関係は個人の精神的健康や社会化にとって重要な役割を果たし得るものである。それは，多くの人々にとっての共通理解でもあり，それゆえ望ましい友人関係のあり方について関心が寄せられてきたといえる。また，いくつかの調査データが示すように，多くの若者にとって親しい友人の存在は重要なものとして捉えられている。その一方で，様々なところで指摘される友人関係の問題を考えると，誰もが親密な友人関係を享受しているわけではないと思われる。友人との関係が悩みの種になっている場合も少なくないかもしれない。友人関係はそのあり方によって，正負のいずれにも影響を及ぼすのである。

友人関係の重要性やそこから派生する問題を考えれば，親密な友人関係を築くことができるようなサポートを提供しようという発想が生まれてくるのは自然である。実際，教育場面では，仲間づくりや友だちづくりが教室の目標として掲げられ，そのための教育活動が行われている。エンカウンター・グループや学校カウンセリングの視点から様々な方法が考案され（阿部，2009；伊藤・工藤，2012；田上，2003），多くの場で実践されている。また，友人関係を支えようとする試みとして，教育場面や臨床場面など様々なところで社会的スキル・トレーニングが実践されている（相川，2000）。社会的スキル・トレーニングは，学習理論に基づき，友人や仲間と適切にかかわる技術を訓練によって

獲得させようとするものである。幼児から児童，生徒，成人まで幅広い人々を対象として，種々のスキルを効率的に身につけるためのプログラムが開発され，その効果が明らかにされている。他にも，大学の初年次教育の一環として，仲間づくりを目的とした合宿研修を導入したり，大学生協などの主催で新入生に友だちを作る場を提供する「友活」イベントを開催しているところもみられる。様々な観点から，青年が友人関係を築くことができるように支援しようという試みが広まっているのである。

　友人関係を支援しようという試みが有効であることに異論はない。友人関係がもつ影響力の大きさを考えれば，個人の適応や精神的健康を視野に入れつつ，親密な友人関係を築くことができるようにサポートすることは重要であると思われる。一方で，そういった試みには，ある種の危うさを感じる面もないわけではない。それは，次の2つの点においてである。1つは，友人関係の形成を支えようとする試みが外発的なものになりがちだという点である。仲間づくりのための教育実践にせよ，社会的スキル・トレーニングにせよ，多くの場合は本人よりもプログラムや活動の実践者の主導で進められる。そのため，友人関係を築きたいという個人の意志とは別のところで，ある意味では強いられたかたちで，友人関係を築くように求められることになり兼ねない。外発的に導入された友人関係形成の場や機会が本当に有効であるのかどうかは，慎重に検討すべきであると思われる。

　もう1つは，友人関係を技術論として捉えてよいのかという疑問である。社会的スキル・トレーニングは，友人や仲間と適切にかかわるためのスキルを教えるものである。そのようなスキルは，友人とかかわりたいと思っていても，適切なかかわり方がわからないというような個人にとっては非常に有効であると思われる。一方で，他者とかかわり，関係を広げたいという意志をもたないものにとっては，スキルを獲得させたとてしてもあまり機能しないのではないだろうか。スキルをもって関係の成否を考える前に，友人とかかわりたいという欲求や関係を築きたいという意志に注目すべきであると考えられる。

　本書では，人が親密な友人関係を築いていく過程を動機づけ（motivation）の視点から捉え直す。友人関係が重要であることは多くの場面で謳われることであり，人々もそれを実感している。ただし，現実にはすべての人が親密な友

人関係を築いているわけではない。良好な関係をもたず，そのことによって精神的な健康が阻害されているものも決して少なくない。そのような差が生じるのはなぜだろうか。その問いに対する1つの答えは社会的スキルであったし，その問題の解決策が社会的スキル・トレーニングであった。その有効性は多くのところで実証されている。しかし，本書では動機づけという視点から友人関係の問題を考えてみたい。それは，友人とかかわるスキルが有効に機能するためには，その前提として自ら積極的に関係を築いていこうとする動機づけが必要だと考えるからである。動機づけという視点から友人関係の形成・維持過程を捉え，友人関係の差が生じる理由について1つの回答を提示するのが本書の目的である。

2. 友人関係研究の知見

(1) 心理学研究における友人関係

　心理学研究においても，友人関係は個人の様々な側面とかかわる重要な社会的関係の1つとして注目されてきた。友人関係の重要性は，発達課題や欲求といった観点から論じられている。Hartup & Stevens（1997）によると，友人は自尊心や適応を促進する認知的，感情的な資源であり，年齢段階に応じた発達課題の達成を助けるものであるとしている。また，青年期においては，友人との親密な関係を構築すること自体が中心的な発達課題でもあり，その課題の達成が適応的な発達に不可欠であるとされている（Havighurst, 1943）。この時期に，いかにして同年代の他者とうまくかかわり，親密な関係を築いていくかは，一生涯にわたって個人に多大な影響を及ぼす重大な問題であるといえる。

　また，友人関係の重要性は，親密さへの欲求という観点からも論じられている。Sullivan（1953）は，友人関係と欲求との関係について，発達的な文脈に注目して論じている。対人関係や個人のパーソナリティ形成において，仲間意識や親密さの欲求は重要な役割を果たすものであり，特に中学生にあたる青年期初期以降において，それらの欲求が強くなってくるとしている。Buhrmester & Furman（1986）は，Sullivan（1953）の理論を発展させ，親密さへの欲求が中学生以降に顕現的なものとなり，友人との関係はその欲求を満たす中心的な役割を果たすものとなることを実証的に検討している。この時期には，両親

や家族とのかかわりよりも，友人と過ごす時間が相対的に多くなり，それに伴って友人との間に親密な関係を築いていく。そのような友人との相互作用を通して，親密さへの欲求が満たされ，適応的に生きていくことができるのである。

（2）友人関係の測定

　友人関係の重要性についての論考と同時に，友人関係がもつ役割を実証的に明らかにしようとする研究も数多くなされてきた。その際に問題となるのが，友人関係をいかにして測定するかという点である。個人がどのような友人関係を築いているのかを測定しようとする試みは，様々な側面からなされている。そのなかで，主な測定方法としては，①質問紙による自己評定，②友人や仲間による他者評定，の2つがある。

　自己評定によって友人関係を測定しようとする場合，特定の友人との関係を対象とするのか，個人の全般的な友人関係を対象とするのか，という2つのタイプがある。前者に関して，Furman (1996) は，特定の友人との関係の特徴を測定する代表的な尺度を Table 1-1のようにまとめている。例えば，Berndt & Keefe (1995) は，1人の友人を特定させ，その友人との関係がどのような特徴をもっているかを尋ねる方法をとっている。ここでの友人関係の特徴は，自己開示，向社会的行動，自尊心のサポートからなる肯定的な特徴と，葛藤，対抗心からなる否定的な特徴が想定されている。また，Furman & Buhrmester (1985) は，様々な対人関係がもつ特徴を比較するために，信頼関係や価値の高揚など12個の特徴をもつ尺度を作成している。これらの尺度は，特定の友人との関係を複数の側面から捉えようとするものであり，親密さや愛情などが共通の要素としてみられる。他にも，自己開示（榎本・清水，1992；Jourard & Laskow, 1958；岡田・中森・中谷，2005）やソーシャル・サポート（Laursen, Furman, & Mooney, 2006；嶋，1991）といった個々の行動的側面から友人関係を捉え，その影響について検討する研究もなされている。

　一方，特定の友人との関係ではなく，個人がもつ友人関係全般を扱った研究もある。その方法は，友人関係を1つの対人関係のカテゴリーとみなし，個人が友人として認知している他者との関係全般に共通する特徴を捉えようとするものである。このような友人関係の捉え方は，友人関係に対するコンピテンス

▶Table 1-1 友人関係を測定する尺度の例（Furman, 1996をもとに作成）

尺度名	研究例	対象者	下位尺度	関連する概念
Assessment of Friendship Features	Berndt & Keefe (1995)；Keefe & Berndt (1996)	小学生〜大学生	肯定的な特徴（自己開示、向社会的行動、自尊心のサポート）、否定的な特徴（葛藤、対抗心）	授業への関与、問題行動、自尊心
Friendship Qualities Scale	Bukowski et al. (1994)	小学生〜中学生	親交、援助、安心感、親密さ、葛藤	自尊心、知覚されたコンピテンス
Friendship Quality Questionnaire	Parker & Asher (1993)	小学生	親交と活動の共有、援助と指示、妥当化とケア、親密さの交換、葛藤と裏切り、葛藤の解決	仲間からの受容、孤独感
Friendship Questionnaire	Adler & Furman (1988)	小学生〜中学生	温かさ・親密さ、葛藤、排他性、比較地位・権力	誠実性、経験への開放性、調和性
Network of Relationships Inventory	Buhrmester (1990)；Furman & Buhrmester (1985)	小学生〜大学生	信頼関係、価値の高揚、道具的援助、愛情、交際、親密さ、養護性、葛藤、罰、いらだち、相対的権力・地位、満足感	肯定的な感情、嫉妬、社会的スキル、自己価値
Behavioral Systems Questionnaire	Furman & Wehner (1994)	高校生〜大学生	愛着、ケアの提供、親和、親密さ、葛藤、情動表出	愛着スタイル、友人の数、満足感、社会的スキル、自己開示

(Harter, 1988；松井・村田, 1997) や友人からのプレッシャー（Brown, Clasen, & Eicher, 1986）などを測定する際に用いられるものである。全般的な友人関係の場合にも、特定の友人との関係と同様に複数の観点からその特徴が測定される。例えば、Furman & Wehner（1994）は、愛着、ケアの提供、親和、親密さ、葛藤、情動表出の6下位尺度をもつ Behavioral Systems Questionnaire を、親しい友人関係全般の測定に適用している。また、Berndt（1996）は、友人関係の特徴を測定する際に、親密な友人を3人挙げさせ、その3人に対す

る評定の平均を用いて全般的な友人関係の特徴とする方法をとっている。自己開示やソーシャル・サポートなどについても同様に，全般的な友人関係を想定した測定が行われる場合もある（Dubow, Tisak, Causey, Hryshko, & Reid, 1991；Miller, Berg, & Archer, 1983；岡安・嶋田・坂野，1993；小野寺・河村，2002）。

　他者評定については，代表的なものとしてソシオメトリック・テストやゲス・フー・テストがある。この方法は，「一緒に遊びたいのは誰か」や「誰と友だちか」，あるいは「好ましくないのは誰か」などを尋ね，指名された数を友人や仲間からの受容得点，拒絶得点として用いるものである（Birch & Ladd, 1996）。例えば，Phillipsen（1999）は，クラスのそれぞれのメンバーと一緒に遊んだり，何かをしたいと思う程度を5件法で尋ね，クラスメートから評定された得点の平均値をもとに高受容群と低受容群に分ける方法を用いている。また，Wentzel, Barry, & Caldwell（2004）は，中学生を対象にクラス内の親友3名を選択させ，相互に指名しているペアを双方向的な友人関係とする方法をとっている。

　自己評定による測定は，個人が自身の友人関係をどのように捉えているかという友人関係の認知を扱っているのに対し，ソシオメトリック・テストやゲス・フー・テストは，個人が友人からどのように認知されているかを扱っている。これらの方法は，それぞれ友人関係を異なる観点から捉えるものであり，研究目的に応じて使い分ける必要がある。ただし，後者の方法は小学生までの児童に対して用いられることが多く，中学生以降を対象に用いられることは比較的少ない。また，ソシオメトリック・テストによって測定される他者からの受容は仲間関係を表すものであり，友人関係とは概念的に異なるという指摘もある（Asher, Parker, & Walker, 1996）。

（3）友人関係と適応との関連

　これまで多くの研究で，友人関係と適応や精神的健康との関連が検討されてきた。いくつかの研究から，認知された友人関係の特徴が，自尊心や孤独感，抑うつなど適応の側面と関連することが明らかにされている（Berndt, 1999；Buhrmester, 1990；Burk & Laursen, 2005；Hussong, 2000；Windle, 1994）。例えば，Buhrmester（1990）は，高校生を対象として，特定の親しい友人との

親密さと自尊心や抑うつなどの適応指標との関連を検討している。その結果,友人との関係を親密であると捉えている生徒ほど自尊心が高く,抑うつが低かった。全般的な友人関係に関しては,Keefe & Berndt (1996) の調査がある。ここでは,友人関係の肯定的な特徴(自己開示,向社会的行動,自尊心のサポート)が自尊心を高め,否定的な特徴(葛藤,対抗心)が自尊心を低めることが報告されている。学校適応の予測因について検討したいくつかの研究でも,全般的な友人関係の良好さが学校適応に対して正の影響をもつことが知られている(Gilman & Anderman, 2006;本間,2000;酒井・菅原・眞榮城・菅原・北村,2002;山本・仲田・小林,2000)。

自己開示やソーシャル・サポートなど個々の側面から友人関係の影響を検討した研究でも,適応との関連が明らかにされている(榎本・清水,1992;岡田他,2005;小野寺・河村,2002)。例えば,小野寺・河村 (2002) は,特定の親友に対する自己開示量とクラスの友人全体に対する自己開示量のいずれもが,学校適応に対して肯定的な影響を及ぼすことを明らかにしている。ソーシャル・サポートに関しても同様に,自尊心や抑うつなどとの関連が報告されている(Laursen et al., 2006;Young, Berenson, Cohen, & Garcia, 2005)。特定の親しい友人との間や友人関係全般において,自己開示やサポートの授受など相互作用を積極的に行うことで,適応や精神的健康が高められるものと考えられる。

認知された友人関係だけでなく,他者評定による友人関係も適応や精神的健康を予測することが知られている。Wentzel et al. (2004) が行った縦断調査では,お互いに親友として指名している双方向的な友人関係をもつ生徒は,一方向的な友人関係をもつ生徒よりも落ち込みの程度が低いことが明らかにされている。また,Parker & Asher (1987) は,友人や仲間から受容されていなかった児童・生徒は,後の問題行動や精神的な問題の危険性が高まることを指摘している。これらの研究は,他者評定による客観的な友人関係の様態が,適応や精神的健康を左右することを示唆している。しかし,他者評定による友人関係と適応との関連を検討した研究は児童を対象としたものが多く,中学生以降を対象としたものは少ない。

以上の知見から,親密な友人関係が適応や精神的健康を促進する役割を担っているといえる。特定の友人あるいは複数の友人との間に親密な関係を築くこ

とで，人は日常を適応的に過ごしていくことができるのである。このような関連性は，①青年期における発達課題や社会的欲求との関連，②現実に直面する問題を解決するための資源としての機能，という2つの点から理解することができる。青年期初期以降では，親密な他者との関係を構築することが適応的な発達にとって不可欠な課題であり，それに相まって親密さへの欲求が強くなる。親密な友人関係を築くことは，発達課題の達成を意味するとともに親密さへの欲求を満たすことになり，その結果として適応や精神的健康が高められるのである。また，親密な友人関係は，日常に出会う様々な問題の解決を助ける社会的資源にもなる。親しい友人に対して自身の悩みや問題を相談し，友人から心理的なサポートや具体的な援助を得ることで，困難な問題を解決することができ，精神的健康を保つことができる。このように，親密な友人関係は適応や精神的健康を支える重要な機能をもつものであるといえる。

（4）友人関係と学習との関連

友人関係は学習場面においても重要な役割を果たすものとして注目されてきた（Ryan, 2000；Wentzel, 2005）。例えば，友人が示す学習意欲や学業達成の程度が，個人の学習成果に影響することが明らかにされている（Goodenow & Grady, 1993；Mounts & Steinberg, 1995；外山，2006）。Urdan（1997）は，友人が学習に対してもつ志向性と生徒自身の学業達成との関連を検討している。その結果，友人が学習に対して肯定的な志向性をもっているほど自身の学業達成が高く，逆に友人が否定的な志向性をもっているほど学業達成は低かった。全般的な傾向として，学習意欲や学業達成に関して自身と友人との間で類似性がみられることが知られている（Ide, Parkerson, Haertel, & Walberg, 1981）。ただ，この類似性には，友人の学習意欲の程度が個人に影響するという解釈と，学習意欲の程度が似ている他者を友人として選択するという2つがあり，因果関係の特定は困難であるとされている（Ryan, 2000）。

友人の学習に対する捉え方や学業達成の程度は，その友人である個人がもつ特徴として考えることができる。友人である個人の特徴とは別に，友人関係の特徴も学習成果に影響するとされている（Berndt, 1999）。Berndt & Keefe（1995）は，友人関係の肯定的な特徴と否定的な特徴の両方が，学校への関与や問題行動を予測することを明らかにしている。また，Wentzel et al.（2004）

は，双方向的な友人関係をもっているものは，一方向的な友人関係をもつものよりも学業達成が高いことを報告している。これらの知見は，親密で双方向的な友人関係をもつ生徒ほど，学習に対する意欲や学業達成が高いことを示すものである。

このような友人関係と学習との関連については，友人との間で行われる学習活動という観点から考えることができる。協同学習やピア・チュータリングに関する研究では，学習課題に対して友人や仲間と協同的に取り組むことが，学業達成や学習への肯定的な態度を導くことが明らかにされている（Rohrbeck, Ginsburg-Block, Fantuzzo, & Miller, 2003；Slavin, Hurley, & Chamberlain, 2003；Webb, Ing, Kersting, & Nemer, 2006）。実験場面において友人との相互作用の効果を検討した研究でも，学習に対する友人関係の影響が確認されている。Jehn & Shah（1997）は，友人グループと知人グループの問題解決場面を観察し，その間の行動と課題のパフォーマンスとの関連を調べている。その結果，友人グループでは，知人グループに比して協同的なかかわりや課題に対するコミットメントが高く，それらの要素がパフォーマンスを高めていた。また，Berndt, Laychak, & Park（1990）は，中学生を対象とした実験で，達成に関するジレンマ課題についての議論をさせることで，学習に対する達成動機づけが変化することを明らかにしている。

親密な友人との関係は，様々な問題を解決するためのサポート源となるが（Furman & Buhrmester, 1992；Hunter & Youniss, 1982），この機能は学習場面においても同様であると考えられる。学習場面において，独力では解決することが困難な課題に出会ったときでも，親密な友人関係を築いていれば，その課題を解決するためのサポートを得ることができる。良好な関係のなかで，生徒は友人と積極的にかかわり，その経験を通して学習意欲や学業達成が促進されているのである。

3．これまでの友人関係研究の問題点と限界

ここまでみてきたように，友人関係は様々な側面で非常に重要な役割を担っている。親しい友人の存在は，親密さへの欲求を満たし，心理的なサポートを与えることで，適応や精神的健康を高める社会的資源となる。また，学習場面

においても友人が多大な影響力をもつことが明らかにされており，良好な友人関係のなかで学習活動を行うことによって，学習意欲や学業達成が促進される。これらの知見から親密な友人関係を築くことは，青年期における重要な課題であるといえる。

　しかし，人がいかにして親密な友人関係を築いていくのかという点はあまり注目されてこなかったように思われる。親密でサポーティブな友人関係が重要であることは確かであるが，誰もがそのような友人関係を築いているわけではない。適応の支えとなる親密な友人関係を築いているものとそうでないものの差が，なぜ，どのようにして生じるのかが十分には明らかにされていないのである。

　こういった友人関係の形成や維持の問題に関して，近年の心理学研究でもっとも重視されている要因の1つは社会的スキルである。他者と適切にかかわるスキルは，円滑な対人関係を築き，その関係を続けていくために不可欠な側面である。これまで，社会的スキルが他者からの受容や拒絶，精神的健康を予測することが示されている（相川，1992；Segrin & Kinney, 1995）。また，社会的スキル・トレーニングに代表されるように，適切なスキルを獲得させることで，人間関係や適応の改善を試みる介入的な研究や教育プログラムの開発が行われている（相川，2000；Asher et al., 1996；Bierman & Powers, 2009）。社会的スキルは学習可能な要因であり，友人関係の形成を支援しようとする場合にも重要な役割を果たし得るものである。

　その一方で，社会的スキルの側面のみから，人が親密な友人関係を築いていく過程を捉えるには限界があると考えられる。他者とうまく付き合うためのスキルを身につけることで，親密な友人関係を築くのが容易になることは確かである。しかし，実際に人が友人関係を築いていこうとしたときに問題となるのは，身につけたスキルを用いて積極的に他者とかかわろうとするか否かという点であると考えられる。適切なスキルを獲得していたとしても，必ずしもそれを用いて友人とかかわろうとするとは限らない。この点に関して，van der Molen（1990）は，シャイネスが社会的スキルの実行を妨げるとし，特性的なシャイネスという個人内の要因から社会的スキルの実行を介して抑うつに至るプロセスを示している。また，久木山（2005）は，自身の社会的スキルを改善

し，他者と効果的な相互作用を行うためには，自ら社会的スキルを改善していこうとする意欲が不可欠な要素となることを明らかにしている。これらの知見は，社会的スキルの観点から友人関係の形成や維持を考えるうえでも，他者と積極的にかかわろうとするか否かという点に注目することの必要性を示すものである。

これまでの友人関係研究では，親密な友人関係と適応や精神的健康との関連は示されてきたものの，個人が親密な友人関係を築いていくプロセスについてはあまり検討がなされてこなかった。本書では，親密な友人関係の個人差が生じるプロセスを捉える要因として「友人関係に対する動機づけ（friendship motivation）」に注目する。日常の友人関係を考えてみると，親しい友人との関係は自動的に生じているのではなく，友人とかかわろうと動機づけられた個人が，自ら様々な働きかけを行うことで展開していくものであると考えられる。人が友人関係に対してもつ動機づけに注目し，親密な友人関係が形成され，維持されていくプロセスを捉えることが本書の目的である。

第2節　動機づけ研究の概観

1．動機づけ研究における対人関係：社会的側面への注目

これまでの動機づけ研究では，学習やスポーツなど達成領域が主たる対象であった。学習に対する動機づけをいかにして高めるか，あるいはスポーツ競技に対する動機づけがパフォーマンスにどのような影響を及ぼすかなど，達成領域における動機づけが主要な研究テーマとされてきた。達成動機づけ理論（Atkinson & Feather, 1966；McClelland, 1985）をはじめとして，原因帰属理論（Weiner, 1985），内発的動機づけ理論（Deci, 1971；Harter, 1981；Lepper, Greene, & Nisbett, 1973），達成目標理論（Dweck & Leggett, 1988；Elliot & McGregor, 2001），自己効力感理論（Bandura, 1997），課題価値理論（Wigfield & Eccles, 2000）など，様々な立場から達成行動に対する動機づけの研究が行われてきた。

近年の動機づけ研究では，社会的側面や対人的文脈への注目が高まっている(Urdan & Schoenfelder, 2006)。この研究動向は全般的に社会的動機づけ(social motivation)に関する研究として括られることが多いが，大別すると次の2つの流れとして考えることができる。1つ目は，達成行動に対する動機づけに影響する要因としての対人的文脈の重要性を明らかにしようとするものである。ここでは，達成への動機づけの先行要因として社会的関係や対人的文脈を捉え，動機づけと対人関係との関連が検討されている。社会的関係や対人的文脈は，関 係 性 (relatedness：Furrer & Skinner, 2003；Ryan & Powelson, 1991)，所 属 感 (belongingness：Anderman & Freeman, 2004；Baumeister & Leary, 1995；Goodenow, 1993)，仲間からの受容 (peer acceptance：Birch & Ladd, 1996；Guay, Boivin, & Hodges, 1999) など様々な概念を用いて捉えられる。例えば，Roeser, Midgley, & Urdan（1996）は，良好な教師-生徒関係が学校への所属感を高めることで学習に対する効力感や学業達成を促すことを明らかにしている。全般的には，教師や級友あるいは友人との肯定的な関係が，達成への動機づけを促すことが示されている。

　2つ目は，対人関係面での動機づけの役割を検討しようとするものである。ここでは，他者との関係を形成し，維持しようとする動機づけが想定され，様々な要因との関連が検討されている。一連の研究は，他者との関係に対する目標や動機づけを想定することで，個人の対人関係を捉えようとする点が共通している。近年では，友人関係場面における動機づけについて，いくつかの理論的立場から，達成目標や自己効力感などの概念を使って捉えようとする研究が増えてきている。本書で注目する友人関係に対する動機づけは，こちらの研究動向に位置づくものである。

2．自己決定理論

(1) 自己決定理論の概要

　本書では友人関係に対する動機づけを捉えるための概念的枠組みとして，自己決定理論に注目する。自己決定理論(self-determination theory：Deci & Ryan, 1985, 2000, 2012) では，自己決定性（あるいは自律性）の概念を核として，学習やスポーツなどの達成領域から対人関係まで様々な領域における動機づけを

包括的に捉えるための理論的枠組みを構築している。自己決定性（self-determination）という概念は，因果律の所在（locus of causality），意志（volition），選択性（choice）の3点から定義される（Reeve, Nix, & Hamm, 2003）。すなわち，行動の原因が自己の内部にあり，活動に従事する意志をもっており，行動に従事することを自らが選択しているとき，人は自己決定的に動機づけられているとされるのである。

　自己決定理論では，大きく分けて非動機づけ（amotivation），外発的動機づけ（extrinsic motivation），内発的動機づけ（intrinsic motivation）という3つの動機づけ状態を想定している（Figure 1-1）。非動機づけは，行動と結果との随伴性を認知しておらず，活動に対してまったく動機づけられていない状態である。非動機づけの状態は，学習性無力感に陥っている場合と類似している。外発的動機づけには，自律性の程度からいくつかのタイプが想定されている。従来の考え方では，外発的動機づけと内発的動機づけは，相反する動機づけ状態として二項対立的に捉えられがちであった。それに対し，自己決定理論の下位理論の1つである有機的統合理論（organismic integration theory：Deci & Ryan, 1985）では，内在化（internalization）のプロセスを想定することで外発的動機づけを精緻化し，内発的動機づけとの間に連続性をもたせている。内在化とは，最初は自己の外部にあった価値や調整を自身のなかに取り込み，自己と統合していくことである。外発的動機づけの1つ目のタイプは，外的調整（external regulation）である。外的調整による動機づけでは，何らかの外的報酬を得ることや外的な罰を避けることが目的となっており，外的な要因や他者からの働きかけによって行動が開始される。2つ目のタイプは，取り入れ的調整（introjected regulation）である。取り入れ的調整では，部分的に内在化がなされており，明らかな外的統制がなくても行動が開始される。しかし，行動の目的は不安や恥などの感情を低減し，自己価値を守ることであり，内面で統制されている感覚をもつことで動機づけられている。自己価値や自尊心の維持，高揚を目的とする点で，自我関与の状態である（Ryan, 1982）。3つ目のタイプは，同一化的調整（identified regulation）である。ここでは，行動の価値を自己と同一化し，個人的な重要性を感じて肯定的な態度で自発的に従事する。4つ目のタイプは，統合的調整（integrated regulation）である。統合

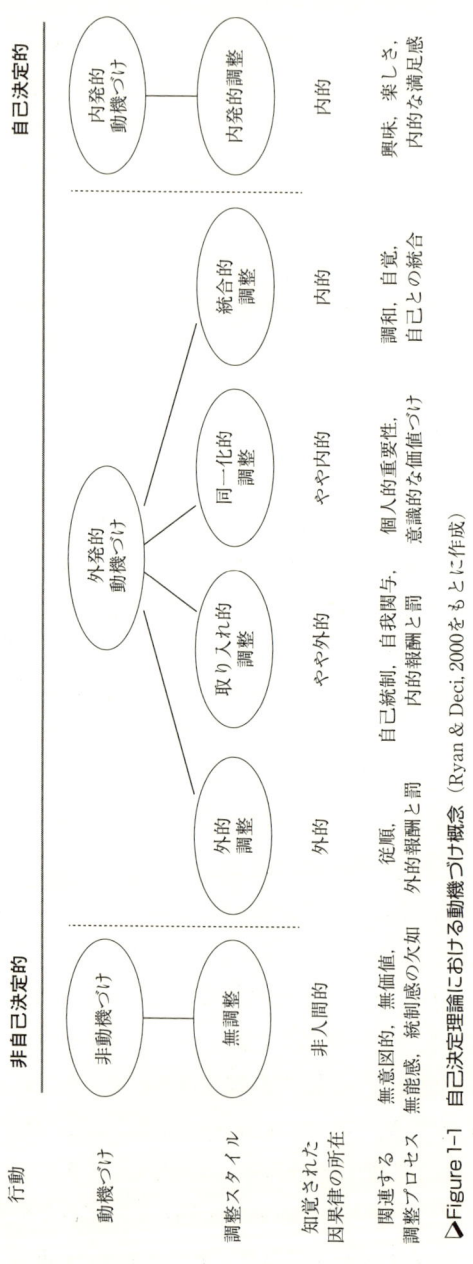
△Figure 1-1 自己決定理論における動機づけ概念（Ryan & Deci, 2000をもとに作成）

的調整は，ある活動に対する同一化的調整が，個人がかかわる他の活動に対する価値や欲求との間で矛盾なく統合されている状態であり，まったく葛藤を感じずに従事するような動機づけである。内発的動機づけは，活動それ自体を目的として，興味や楽しさなどのポジティブな感情から動機づけられている状態である。行動の開始，維持にとって外的要因を必要としないという点で，完全に自律的な動機づけであるといえる。

　一連の動機づけは，自律性の程度という一次元上に付置されている。自律性の対極を統制として，各動機づけをその間に位置づけて捉える。すなわち，非動機づけをもっとも統制的な動機づけ，内発的動機づけをもっとも自律的な動機づけとし，その間に外的調整から統合的調整までの一連の外発的動機づけが位置するのである。実証研究においては，それぞれの動機づけ概念を用いて，その背後にある自律性の効果が検討されている。

　動機づけが自己決定性を増していく過程は，外的な価値や調整を内在化していくプロセスであるとされている（Grolnick, Deci, & Ryan, 1997）。内在化が促進されるのは，自律性への欲求（need for autonomy），有能さへの欲求（need for competence），関係性への欲求（need for relatedness）という基本的欲求が満たされるときであるとされている。自律性は自身の行動に対する指し手あるいは源泉の感覚であり（deCharms, 1968），自律性への欲求は自身の行動を自ら決定し，行動の起源でありたいという欲求である。有能さは社会的環境と効果的に相互作用する能力であり（White, 1959），有能さへの欲求は活動を通して自身の能力を高めたいという欲求である。関係性は他者との情緒的なつながりや共同体への所属の感覚であり（Baumeister & Leary, 1995；Ryan & Powelson, 1991），関係性への欲求は他者との間にあたたかい関係をもちたいという欲求である。社会的環境がこれらの欲求を満たすとき，人は活動に対して自律的に動機づけられるとされている。

（2）自律的動機づけの効果に関する実証的研究

　自律性に沿った動機づけ概念は，非常に多様な領域に適用され，多くの研究がなされてきた（岡田，2010）。全般的には，いずれの領域においても自律的動機づけが望ましい結果をもたらすことが明らかにされている。検討されてきた領域と代表的な研究例をTable 1-2に示す。他の動機づけ理論と同様に，

▶Table 1-2　自己決定理論に関する研究例

領域	関連する変数	研究例
学習	学業達成，概念学習，退学，教室での感情経験，学習方略，対処方略，自尊心，学業的援助要請	Grolnick & Ryan（1987）；Hayamizu（1997）；Levesque et al.（2004）；Marchand & Skinner（2007）；Miserandino（1996）；Patrick et al.（1993）；Vallerand et al.（1997）
スポーツ	積極的な参加，集中力，感情経験，スポーツマンシップ	Chatzisarantis et al.（2003）；Ntoumanis（2005）；Vallerand & Losier（1994）
環境保全	リサイクル活動，再利用活動，環境融和的な目標	Osbaldiston & Sheldon（2003）；Pelletier et al.（1998）
宗教	人生の意味，精神的健康，自尊心	O'Connor & Vallerand（1990）；Ryan et al.（1993）
政治参加	投票行動，積極的な情報収集	Koestner et al.（1996）；Losier & Koestner（1999）
レジャー	積極的な運動，レジャーの満足感	Hagger et al.（2003）；Losier et al.（1993）
ギャンブル	ギャンブルへの関与，ギャンブルの種類	Chantal & Vallerand（1996）；Chantal et al.（1995）
医療	セラピーの満足感，BMI	Pelletier et al.（1997）；Williams et al.（1996）
対人関係	孤独感，夫婦生活の幸福感，役割葛藤	Blais et al.（1990）；Richard & Schneider（2005）
仕事	バーンアウト，身体的徴候	Fernet et al.（2004）；Otis & Pelletier（2005）
就職活動	職業決定，職探し行動，未就職時の感情	Guay et al.（2003）；Vansteenkiste et al.（2004）
食行動	健康的な食行動，ウェルビーイング	Pelletier et al.（2004）

　もっとも多くの研究がなされてきたのは学習領域である。学習に対する自律的動機づけは，学業達成（Miserandino, 1996）や概念学習（Grolnick & Ryan, 1987）などの学習成果から，自尊心（Levesque, Zuehlke, Stanek, & Ryan, 2004）や教室での感情経験（Patrick, Skinner, & Connell, 1993）といった適応や精神的健康の指標にあたるものまで幅広く関連することが明らかにされている。

　環境保全や政治参加あるいは健康的な食行動など，達成領域以外に関しても多くの研究がなされている点が自己決定理論の大きな特徴である。Pelletier, Tuson, Green-Demers, Noels, & Beaton（1998）は，環境融和的な行動に対す

る動機づけを測定する尺度を作成し,自律的な動機づけをもつものほど,リサイクルや再利用などの環境保全的な活動を多く行っていることを報告している。Koestner, Losier, Vallerand, & Carducci（1996）は,選挙での投票に対する動機づけを有権者に尋ね,自律的な動機づけをもつ有権者ほど選挙に関する情報収集を行うことを示している。

　Vallerand & Ratelle（2002）は,複数の領域にまたがる研究知見を動機づけの階層モデルとして整理している（Figure 1-2）。ここでは,まず動機づけを考える際に抽象度や全般性の違いから,全般レベル（global level）,文脈レベル（contextual level）,状況レベル（situational level）の3つを区別する。全般レベルは,パーソナリティや生活全般にかかわるものであり,個人がかかわる様々な場面や文脈に一貫してみられる特徴を表すレベルである。文脈レベルは,学習やスポーツなどの個々の領域にあたるものであり,特性と状態との中間に位置するレベルである。状況レベルは,具体的な活動や一時的な状態にあたるものであり,状況や個々の活動,特定の対象によって変化するレベルである。これら3つのレベルのそれぞれにおいて,社会的要因が個人の基本的欲求を満たすことで自律的動機づけを促し,感情面や認知面あるいは行動面での結果に影響するというプロセスが想定されている。

（3）対人関係面での動機づけに関する研究

　自己決定理論の枠組みから対人関係面での動機づけを検討した研究もみられる。比較的多くの研究がなされているのは,恋人との親密な関係に対する動機づけである（Blais, Sabourin, Boucher, & Vallerand, 1990；Gore & Cross, 2006；Knee, Lonsbary, Canevello, & Patrick, 2005；Séguin-Levesque, Laliberté, Pelletier, Blanchard, & Vallerand, 2003）。例えば,Blais et al.（1990）は,恋人との関係に対する動機づけを,非動機づけから内発的動機づけの6つの動機づけタイプとして捉え,主観的幸福感との関連を検討している。その結果,統合的調整や内発的動機づけから特徴づけられる自律的動機づけは,自身や相手の適応的な行動を介してお互いの主観的幸福感を高めていた。また,Senécal, Vallerand, & Guay（2001）は,家族関係に対する動機づけの観点からワーク・ファミリー・コンフリクトについて検討している。ここでは,子どもの勉強をみることや,家族旅行など家族内の活動に対する自律的動機づけは,家族

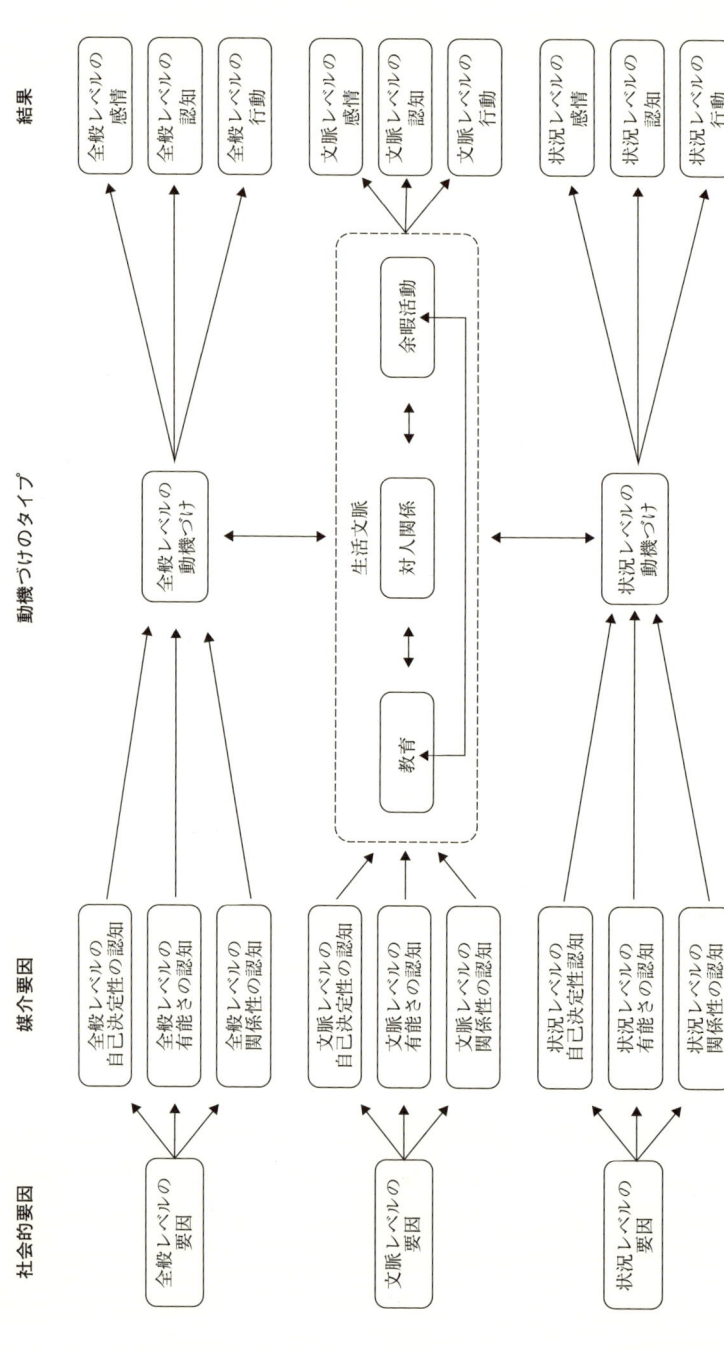

▷Figure 1-2 動機づけの階層モデル（Vallerand & Ratelle, 2002をもとに作成）

役割と職業役割との間の葛藤を低減し，その結果として疲労感が抑制されていた。Hodgins, Koestner, & Duncan（1996）は，パーソナリティとしての自律性が，友人に対する自己開示の多さと関連があることを明らかにしている。

以上の知見は，対人関係面での動機づけを自律的動機づけとして捉え得ることを示している。自律的動機づけは，対人関係面での行動や感情を規定し，その結果として適応や精神的健康に影響するものであるといえる。そして，この点は友人関係においても同様であると考えられる。つまり，友人関係の形成や維持に対して自律的動機づけをもつものは，友人に対して積極的に働きかけることで親密な関係を築き，適応や精神的健康を維持していることが考えられるのである。

第3節　友人関係の形成・維持過程の自律的動機づけモデル

1．友人関係に対する動機づけ

様々な対人関係のなかで，友人関係に固有の特徴として，関係の自発性が挙げられる（Laursen, 1996；遠矢，1996）。すなわち，相手との関係を形成したり，継続したりすることが個人の意志に委ねられているという点で，友人関係は自発的な関係なのである。その一方で，中高生や大学生の友人関係には，必ずしもお互いの自発性によって成り立っていないような関係も存在することが窺われる。例えば，上野・上瀬・松井・福富（1994）が高校生を対象に行った調査では，「できるだけ仲間と同じように行動したい」や「仲間はずれにされるのは絶対にイヤだ」など，友人への同調傾向の存在も明らかにされている。同様の傾向は，ベネッセ教育研究開発センター（2010）が行った調査においてもみられている。また，非行少年を対象に友人との付き合い方を調査した藤野（2000）は，友人関係のなかで不快な感情を避けたいと思うことで，「自分の気持ちや考えを抑えて友だちに合わせて振る舞う」や「友だちの期待にそうような行動を取る」などの防衛的な付き合い方になる可能性を指摘している。

以上の知見は，青年期においては友人関係であっても自発性が保証されてい

ない場合もあり得ることを示している。しかし、友人関係の本質の1つが自発性であるとするならば（Laursen, 1996；遠矢，1996），親密な関係を築いていくためには，自律的な動機づけが重要であると考えられる。適応や精神的健康の支えとなるような友人関係を築くためには，心理的な圧迫感や不安から相手に同調するのではなく，自らの選択や意志によって相手とかかわろうとする自律的な動機づけが必要である。また，多くの研究から，親密な友人関係が適応や精神的健康を支えることが明らかにされている。だからといって，自分の精神的健康を維持するために友人関係をもとうとする動機づけが望ましい結果をもたらすとは思われない。そうではなく，友人との関係そのものを目的としてかかわる動機づけが重要である。自律的な動機づけをもつことで，積極的に友人に働きかけ，関係を親密なものとしていくことができるのである。

本書では，友人関係に対する自律的動機づけを，「自分自身の選択や意志によって，目的的に友人との関係を形成，維持しようとする動機づけ」として定義する。また，自己決定理論において想定されている複数の動機づけ概念を用いて，自律的動機づけを操作的に定義することとする。

2．親密な友人関係の形成・維持過程の自律的動機づけモデル

本書では，自己決定理論における一連の研究（Deci & Ryan, 2000）やこれまでの友人関係研究をもとに，友人関係に対する自律的動機づけを中心として適応の支えとなる親密な友人関係が形成，維持されるプロセスを Figure 1-3 に示すモデルとして捉える。このモデルの概要は次の通りである。

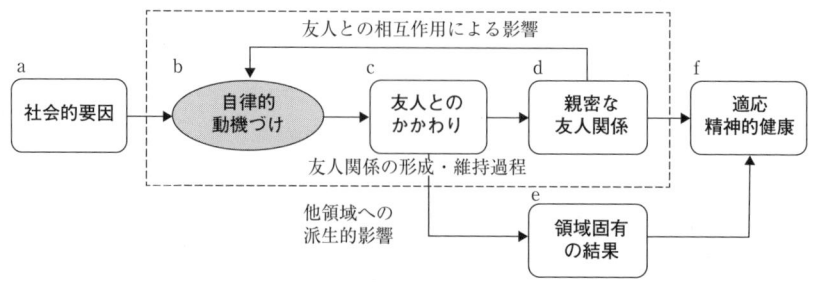

▶Figure 1-3　親密な友人関係の形成・維持過程の自律的動機づけモデル

友人関係に対する自律的動機づけが高い人は，関係を築こうとして友人と積極的にかかわろうとする（b→c）。恋愛関係における自律的動機づけと適応的な行動との関連（Blais et al., 1990）や不適応的な行動に対する抑制的な効果（Knee et al., 2005），パーソナリティとしての自律性と友人に対する自己開示との関連（Hodgins et al., 1996）から，友人関係に対する自律的動機づけは，自己開示や向社会的行動など関係促進的なかかわりを促し，不適応的なかかわりを抑制することが予想される。そして，自己開示や向社会的行動などのかたちで友人と積極的にかかわることで，親密な友人関係が形成され，維持されることになる（c→d）。自己開示や向社会的行動は対人コンピテンスの重要な側面であり，友人との親密さや孤独感と関連することが示されている（Buhrmester, 1990；Buhrmester, Furman, Wittenberg, & Reis, 1988）。また，Oswald, Clark, & Kelly（2004）は，援助性や開放性を友人関係を維持するための行動として位置づけ，友人関係に対する満足感との関連を明らかにしている。これらの知見から，自律的動機づけによって促される友人とのかかわりは，親密な友人関係の形成や維持に寄与するものであると考えられる。さらに，これまで多くの研究で示されてきたように（Berndt, 1999；Buhrmester, 1990），親密な友人関係は適応や精神的健康を促進するものとなる（d→f）。なお，適応や精神的健康に関して，これまでの友人関係研究では，主に自尊心や学校生活の楽しさ，抑うつの低さなど感情的な側面から主観的な適応感が扱われてきた。本書でも同様に，ポジティブな感情をもち適応的に過ごしているという適応感の側面から適応や精神的健康を捉えることとする。

　親密な友人との間で様々な相互作用を行うことで，さらに自律的動機づけが影響を受けと考えられる（d→b）。Connolly & Konarski（1994）は，友人関係や仲間関係における経験の質と量が，友人関係についての自己概念に影響する可能性を示唆している。友人や仲間との間でどのような経験をするかによって，友人関係に対する見方が違ったものになる。このことから，友人との相互作用は，その友人との関係を維持したり，新たな友人との関係を形成しようとする動機づけに影響することが考えられる。

　友人関係は，日常の様々な場面に遍く存在するものである。そのため，友人関係は学習やスポーツなどの領域にも影響を及ぼし得ることが考えられる。例

えば，これまでの研究では，学習場面において友人関係が重要な役割を果たすことが明らかにされてきた（Ryan, 2000；Wentzel, 2005）。学習と友人関係との関連は，友人との学習活動という観点から考えることができる。友人関係に対する自律的動機づけは，学習場面においても積極的な友人とのかかわりを促すものであると考えられる（b→c）。そして，協同学習などの研究で示されているように（Rohrbeck et al., 2003；Slavin et al., 2003），学習場面で積極的に友人と相互作用を行うことは，学習意欲や学業達成などの学習成果に結びつく可能性が考えられる（c→e）。本書では検討しないが，同様のことはスポーツや就職活動などの領域でもみられることが予想される。

友人関係に対する自律的動機づけは，友人関係以外の社会的要因の影響を受けることが考えられる（a→b）。これまでの動機づけ研究では，報酬の提示や言語的フィードバックなどが学習やスポーツに対する動機づけに及ぼす効果が実験場面で検討されてきた（Deci, Koestner, & Ryan, 1999）。これらの要因は，教師や親などの他者との日常における相互作用を切り取ったものとして考えることができ，自律的動機づけを高めるための環境設定を考える際のヒントとなるものである。友人関係に対する動機づけについても，個人がどのような社会的環境に置かれるかによって影響を受けることが予想される。

なお，ここでの「友人関係」は，Furman & Wehner（1994）やBerndt（1996），およびコンピテンスに関する研究（Harter, 1988）などにみられるように，全般的な友人関係を想定する。ただし，動機づけの階層モデル（Vallerand & Ratelle, 2002）で示されるように，このモデルは特定の友人との関係などの具体的な友人関係にもあてはまるものと考えられる。

第4節　本書の目的と構成

1．本書の目的

本書の目的は，親密な友人関係の形成・維持過程を動機づけの視点から捉え直すことである。これまでの友人関係研究では，友人関係が適応に影響するか

否かに主眼があり，人がいかにして適応を支える親密な友人関係を形成し，維持していくのかという点はあまり検討されてこなかった。近年，友人関係をサポートしようとする試みは様々なかたちで行われているものの，それは外発的に導入されたものであったり，技術論に偏ったものである。本書では，人が友人とかかわり，関係を広げていこうとする動機づけに注目し，そこから関係の展開を捉える。このことによって，適応の支えとなる親密な友人関係を築いている人とそうでない人との違いを，動機づけの観点から理解することが可能になる。友人関係の形成や維持を考える際にも，動機づけに注目する必要があるということを示すのが，本書の最大の目的である。

2．本書の構成

本書の概略は Figure 1-4の通りである。第2章では，自己決定理論の枠組み

第1章 友人関係と動機づけ
・友人関係に関する研究の概観
・動機づけ研究の概観
・本書で検討するモデルの提示

第2章 友人関係に対する動機づけの測定
・尺度の作成と妥当性，信頼性の検討（研究1）
・弁別的妥当性の検討（研究2）
・発達的変化の検討（研究3）

第3章 友人関係に対する動機づけと友人とのかかわり
・向社会的行動，充実感との関連（研究4）
・自己開示，学校適応との関連（研究5）
・攻撃性，自尊心との関連（研究6）
・親和傾向との関連（研究7）

第4章 友人関係に対する動機づけと学習
・学業的援助要請との関連（研究8）
・友人との学習活動との関連（研究9）

第5章 友人関係に対する動機づけの背景要因
・外的報酬の顕現化の効果（研究10）
・受容，拒絶経験との関連（研究11）
・友人関係イベントとの関連（研究12）

第6章 動機づけの視点からみた友人関係
・本書のまとめ
・友人関係に対する動機づけを捉える諸理論
・友人関係に対する動機づけ研究の今後

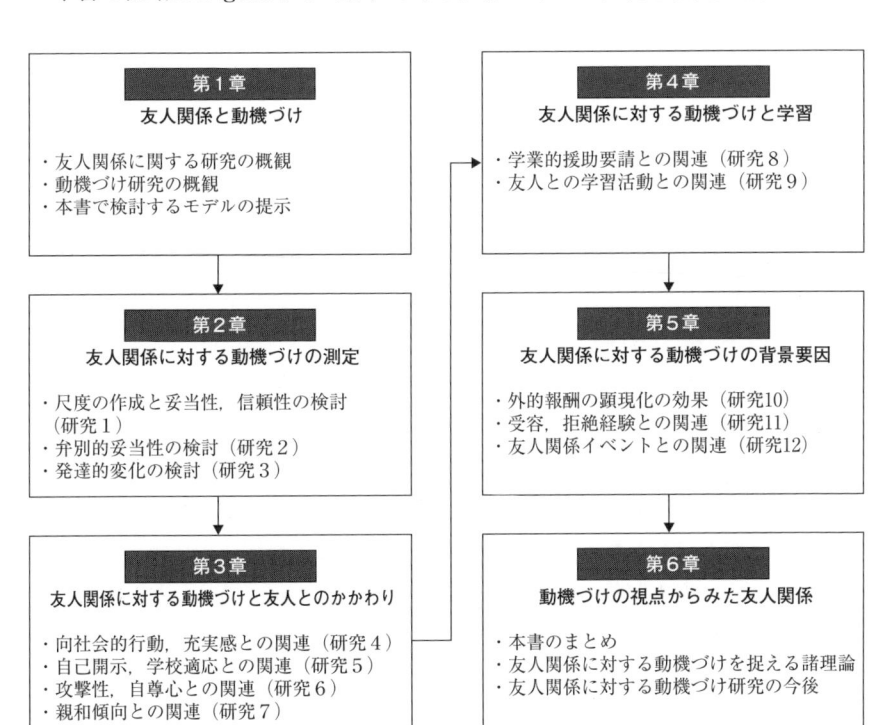

▷Figure 1-4　本書の流れ

から，友人関係に対する動機づけを測定する尺度を作成する。研究1では，友人関係に対する動機づけを測定する尺度を作成し，その妥当性および信頼性について検討する。研究2では，同一の下位尺度構造をもつ学習に対する動機づけとの関連および適応感に対する予測力という点から，尺度の弁別的妥当性を検討する。また，研究3では，青年期における友人関係に対する動機づけの発達差について，中学生，高校生，大学生の比較から検討する。

　第3章では，友人関係に対する動機づけが，友人とのかかわりに及ぼす影響について検討する。友人とのかかわりの肯定的な側面として，研究4では向社会的行動との関連を検討し，研究5では自己開示との関連を検討する。友人とのかかわりの否定的な側面として，研究6では攻撃性との関連を検討する。また，友人関係の形成初期場面における動機づけの役割として，研究7では初対面の他者との相互作用場面における親和傾向との関連について検討する。

　第4章では，友人関係に対する動機づけが学習場面で果たす役割について検討する。研究8では，これまで多くの研究がなされてきた学業的援助要請との関連を検討する。研究9では，学習に対する動機づけを加えたうえで，より多様な友人との学習活動との関連について検討する。

　第5章では，友人関係に対する動機づけの背景要因について，社会的要因と友人との相互作用という2つの側面から検討する。社会的要因について，研究10では外的報酬の顕現化が，友人関係に対する動機づけに及ぼす効果について検討する。友人との相互作用については，日常の友人関係に関するライフ・イベントに注目する。研究11では受容・拒絶経験との関連について，研究12では友人関係イベントとの関連について検討する。

　第6章では，一連の研究知見をまとめて第1章で提示したモデルについて論じる。また，友人関係に対する動機づけについて，自己決定理論とは異なる理論的背景をもとに行われている研究知見を紹介する。最後に，動機づけの視点からどのように友人関係の問題を捉えることができるかを論じ，友人関係に対する動機づけ研究の課題と方向性を示す。

第1章　友人関係と動機づけ

Summary

　第1章では，友人関係に関する研究と動機づけに関する研究をみてきました。そして，人が親密な友人関係を築いていく過程をモチベーションの視点から捉えるモデルが示されました。その背景には，「親密な友人関係を築いている人とそうでない人との違いが明らかにされていないのではないか」という問題意識がありました。第1節では，友人関係に関する研究のなかで，親密な友人関係が適応や精神的健康を支えることが紹介されていました。親しい友人がいることで，毎日の生活を楽しく過ごせるということは確かに納得できます。また，つらいことがあったときでも，友人に助けられて乗り越えられたというエピソードはよく耳にするものです。しかし，これは裏を返せば，親しい友人関係を築いていないと毎日を適応的に過ごすことが難しくなるということかもしれません。友人関係は精神的健康を支える一方で悩みの種になることもありますね。このような違いが生じるプロセスがあまりわかっていないということが，本書の背景にある問題意識です。

　また，友人関係をサポートしようとする試みが果たしてうまくいっているのだろうかという疑問もあります。近年の様々な問題を受けて，友人関係をサポートしようとする試みがなされています。例えば，友人とかかわるスキルを学習させるプログラムは，多くの場面で実践されています。そういったサポートは有効なものです。「自分のことも話すようにした方がいいよ」ということを教えられて，友人に悩みを相談するようにしたら前より仲良くなれたということはありそうです。しかし，そういったサポートを外から与えることが効を奏しない場合もあります。自分から友人とかかわろうとする意志がない人に，「こうすればうまく友だちとかかわれるよ」と教えてもあまり効果はないでしょう。友人とかかわる方法を教えられても，その方法を使おうとしなければ役に立ちません。こういったことを考えると，友人関係をサポートしようとする試みについて，もう少し違う視点から考えてみてもよいのかもしれません。

　そこで出てきたのがモチベーションという視点でした。第2節で紹介されていた自己決定理論は，人が自ら行動しようとする自律的なモチベーションを重視する理論でした。第3節では，人が親密な友人関係を築いていくプロセスをモチベーションの視点から捉えるモデルが示されました。このモデルでは，友人関係に対する自律的なモチベーションが友人とのかかわりを促すことで，適応を支える親密な友人関係が形成・維持されるとしています。モチベーションを基点とするということは，先の2つの問題意識から来ています。つまり，友人関係の違いは，モチベーションのあり方によって生じることを想定していますし，また単にスキルを教えるだけでなく自ら友人とかかわろうとするモチベーションを大事にしたいということを示しているのです。

第 2 章

友人関係に対する動機づけの測定
——友人とかかわるモチベーションをどのように測るか？

　何かを「測る」と聞くと，目盛りのついたものさしを手に持って「○○センチ！」と言っている様子を思い浮かべます。新しい冷蔵庫が入るかどうか知りたくてキッチンの幅を測ったり，封筒に入るかどうかを確かめるために定規をあてたりすることは普段の生活のなかでよくあることです。寝転がって伸びをした猫の長さにびっくりして，メジャーをあててみたことがある人もいるかもしれません。

　では友人関係に対するモチベーションを測るにはどうしたらよいのでしょうか。隣に座っている友人にものさしをあててみても，わかるのは友人の座高ぐらいです。こういったときに心理学でよく用いられる方法は，相手に言葉で尋ねるというものです。「どうですか？」と尋ねることで，測りたいと思っているものを測ろうとするのです。「友人関係に対するモチベーションは高いですか？」と尋ねたときに，「高い」と答える人もいれば，「低い」と答える人もいるはずで，その違いをモチベーションの測定値とするのです。ただし，今のように漠然と尋ねても相手が困惑してしまうので，もう少しきちんとした手順を踏まないといけません。モチベーションとはどのようなものかを言葉で説明し，その説明に合うように質問を考え，答えやすいように目盛りを設定します。また，本当にモチベーションを測っているといえるのかどうかを確認するために，他の質問に対する答えと一貫しているかどうかを調べたり，他の研究者が言っていることと矛盾していないかを調べたりもします。2回測って測定値がずれていないかも調べます。モチベーションを測るのは何だか大変そうですね。

　第2章では，友人関係に対するモチベーションを測定するための尺度を作成した研究をみていきます。尺度の作成は，後の章で紹介される研究の下準備でもあります。どのような手続きを経て，モチベーションを測定することができるようになるのかをみていきましょう。

第1節　自律的動機づけ尺度の特徴および第2章の目的

1．自律的動機づけ尺度の特徴

　これまでの自己決定理論に関する研究では，自己報告式の尺度を用いた調査研究が多く行われてきた。学習やスポーツなどに対する自律的動機づけを測定する尺度が作成され，それらの尺度を用いて様々な知見が蓄積されている。

　自律的動機づけを測定する尺度の代表的なものとしては，Ryan & Connell (1989) による Self-Regulation Questionnaire (SRQ) がある。Ryan & Connell (1989) は，学習に対する動機づけと向社会的行動に対する動機づけの2つの尺度を作成しており，有機的統合理論で概念化されている動機づけをもとに，外的調整，取り入れ的調整，同一化的調整，内発的動機づけの4下位尺度から構成されている。質問紙の形式は，学習活動や向社会的行動を行う理由を尋ねるかたちをとっている。このうち，学習に対する SRQ は以降の研究でも頻繁に用いられており (d'Ailly, 2003；Marchand & Skinner, 2007；Patrick et al., 1993)，また学習以外の領域における動機づけも含めて，後に作成された尺度の大部分はこの尺度をもとに作られている (Goudas, Biddle, & Fox, 1994；Hayamizu, 1997；Ntoumanis, 2005)。

　SRQ を含め，自律的動機づけを測定するための尺度には，2つの共通する特徴がある。1つは，動機づけの下位尺度間に単純構造 (simplex structure) という独自の相関パターンが仮定されていることである。単純構造とは，概念的に隣り合う動機づけ間には正の相関がみられ，隔たるにつれて相関が弱くなるか無相関になるというものである (Ryan & Connell, 1989)。例えば，外的調整と取り入れ的調整は概念的に隣り合う動機づけであるため比較的強い相関があり，外的調整と内発的動機づけとは隔たっているために無相関や負の相関が想定されている。この相関パターンは，それぞれの動機づけ概念が，自律性という一次元上に付置されるという理論的特徴から想定されるものであり，多くの研究ではこの相関パターンを確認することで妥当性を示す1つの証左としている (Ryan & Connell, 1989；Vallerand & Bissonnette, 1992)。また，岡田 (2010)

は，SRQ とそれをもとに作成された尺度を用いた87論文に対するメタ分析を行い，動機づけ概念間の単純構造を確認するとともに，自律性の程度の高い動機づけ間ほど相関係数の値が大きくなることを明らかにしている。

　もう1つの特徴は，下位尺度得点に加えて，動機づけの自律性の程度を表す指標が算出されることである。もっともよく用いられる指標は，Relative Autonomy Index（RAI）というものであり，RAI＝（－2×外的調整）＋（－1×取り入れ的調整）＋（1×同一化的調整）＋（2×内発的動機づけ）の式で算出される（Grolnick & Ryan, 1987；Grolnick, Ryan, & Deci, 1991）。他にも類似の方法として，非動機づけから内発的動機づけまでの6つの下位尺度に，0を除く－3から3の重みづけを行う方法（Blais et al., 1990），項目レベルでRAIを作ったうえで合計する方法（Levesque et al., 2004）などがある。しかし，これらの方法はすべて，動機づけの自律性の程度を反映した重みづけがなされているという点で同様のものであるといえる。RAIを用いる利点は，動機づけを自律性という一次元に集約して捉えることができ，下位尺度ごとの特徴とは異なる観点から自律的動機づけの効果を検討できることである。

2．第2章の目的

　第2章では，自己決定理論の枠組みから友人関係に対する動機づけを測定するための尺度を作成し，その妥当性と信頼性について検討することを目的とする。下位尺度について，外的調整，取り入れ的調整，同一化的調整，内発的動機づけの4下位尺度が用いられることが多く，非動機づけと統合的調整を下位尺度として設定したものは比較的少ない（岡田，2010）。本研究でも同様に，その4下位尺度から尺度を構成することとする。Deci & Ryan（2000）やVallerand & Ratelle（2002）の概念的定義，Blais et al.（1990）の恋人との関係に対する動機づけ尺度，学習に対する動機づけ尺度（速水・田畑・吉田，1996）を参考にして，それぞれの動機づけ概念を Table 2-1のように定義する。

　研究1では，尺度項目を作成し，妥当性と信頼性について検討する。また，研究2では，同一の下位尺度構造をもつ学習に対する動機づけ尺度との関連および大学生活への適応感に対する説明力という観点から，友人関係に対する動

▶Table 2-1　友人関係に対する動機づけの概念的定義

概念	定義
外的調整	友人との関係そのものとは異なる外的な報酬を得るためや，他者からの働きかけによって友人関係を形成，維持しようとする動機づけ。自身から友人に働きかけるのではなく，友人からの働きかけによって関係を維持している場合など。
取り入れ的調整	関係に従事することを強いられている感覚を内在化しており，不安や恥の感情から，あるいは自尊心を維持するために，友人関係を形成，維持しようとする動機づけ。友人がいないことに対する恥ずかしさから関係を作ろうとする場合など。
同一化的調整	友人との関係に対する重要性や個人的な価値を認識し，積極的な意義を感じながら友人関係を形成，維持しようとする動機づけ。お互いの成長や幸福にとって関係が重要であると感じて，友人と付き合う場合など。
内発的動機づけ	友人に対する興味や楽しさなどのポジティブな感情から，相手との関係そのものを目的として積極的に関係を形成，維持しようとする動機づけ。友人との会話や相互作用に楽しみを感じ，関係そのものが目的となっている場合など。

機づけ尺度の弁別的妥当性を検討する。また，研究3では，動機づけの発達差について，中学生，高校生，大学生の間で横断的に比較する。

第2節　友人関係に対する動機づけ尺度の作成および妥当性・信頼性の検討(研究1)

1．目的

　研究1では自己決定理論の枠組みから，友人関係に対する動機づけを測定する尺度を作成し，妥当性と信頼性を複数の観点から検討する。下位尺度は，外的調整，取り入れ的調整，同一化的調整，内発的動機づけの4下位尺度を想定する。妥当性については，①確認的因子分析，②単純構造の確認，③他の尺度との関連の3点から検討する。①については，確認的因子分析によって4因子構造を確認する。②については，先行研究（岡田，2010；Ryan & Connell, 1989）で示されている相関パターンがみられるかどうかを検討する。③については，自己決定意識，友人関係に対するコンピテンス，対人不安，公的自己意識との関連を検討する。各動機づけ概念との間に予想される関係は次の通りである。

　自己決定意識は，「自己決定に関する認知や感情，その願望や有能感」とさ

れている（新井・佐藤，2000）。自己決定理論における動機づけは，自律性もしくは自己決定性という一次元上に沿って概念化されているため，同一化的調整や内発的動機づけは自己決定意識と正の相関，外的調整と取り入れ的調整は負の相関を示すことが予想される。また，RAIは自己決定意識との間に正の関連があると考えられる。

　友人関係に対するコンピテンスについて，各動機づけ概念の自律性の高さとコンピテンスとの間には正の関連が想定されている（Deci & Ryan, 2000）。そのため，友人関係場面においても，同一化的調整や内発的動機づけはコンピテンスの高さと正の関連があり，外的調整や取り入れ的調整は負の関連が予想される。また，RAIはコンピテンスとの間に正の関連があると考えられる。

　対人不安は，自律性の程度が低い動機づけとの関連が予想される。学習に対する動機づけに関して，外的調整や取り入れ的調整などの統制的な動機づけと学習中の不安との間に関連がみられることが示されている（Ryan & Connell, 1989）。また，概念的にも取り入れ的調整は，不安によって動機づけられることが想定されている（Deci & Ryan, 2000）。そのため，友人関係に対する外的調整や取り入れ的調整は，対人不安の高さと関連することが予想される。

　公的自己意識は，取り入れ的調整，内発的動機づけとの関連が予想される。4つの動機づけの中で，取り入れ的調整は，自己価値の維持を目的として他者に能力を示したり，失敗を避けるように動機づけられるものであり（Deci & Ryan, 2000），他者の視点を強く意識する状態であると考えられる。そのため，公的自己意識との間に正の相関が予想される。また，公的自己意識の状態は，行動に対する自我関与を生み出すことで，内発的動機づけを低下させることが明らかにされている（Plant & Ryan, 1985；Ryan, Koestner, & Deci, 1991）。そのため，友人関係においても，公的自己意識と内発的動機づけとの間には負の関連が予想される。

2．方法

(1) 対象者

　大学生488名（男性216名，女性270名，不明者2名）。平均年齢は19.57歳（$SD=1.37$）であった。また，再検査信頼性を検討するために，上記の対象者

の一部（57名：男性27名，女性30名）に対して，約3週間の期間を空けて再度友人関係に対する動機づけ尺度を実施した。

（2）実施時期

2004年10月～11月に実施した。

（3）質問紙

友人関係に対する動機づけ尺度は全対象者に実施したが，他の尺度については対象者数が異なるため，その都度記すこととする。

①友人関係に対する動機づけ（488名：男性216名，女性270名，不明者2名）：先の定義（Table 2-1）をもとに，外的調整，取り入れ的調整，同一化的調整，内発的動機づけに対応する各7項目の計28項目を予備的な項目群として作成した。教示は，「なぜ友人と親しくしたり，一緒に時間を過ごしたりしますか」であり，それぞれの理由に対して「1：あてはまらない」から「5：あてはまる」の5件法で回答を求めた。なお，特定の友人ではなく，全般的な友人関係を想定して回答するように明記した。

②自己決定意識（120名：男性51名，女性69名）：新井・佐藤（2000）による「自己決定意識尺度」25項目を用いた。原尺度は小中学生を対象として作成されているため，本研究では平仮名を漢字に直すなど項目表現を一部変更した。回答方法は，「1：あてはまらない」から「5：あてはまる」の5件法であった。

③友人関係に対するコンピテンス（271名：男性133名，女性138名）：松井・村田（1997）による「青年用有能感調査票」の下位尺度「同性の友人関係」と「異性の友人関係」をもとに，友人関係全般に対するコンピテンスを測定する9項目を作成した。回答方法は，「1：あてはまらない」から「5：あてはまる」の5件法であった。

④対人不安（271名：男性133名，女性138名）：堀井・小川（1996）による「対人恐怖心性尺度」の中から，対人不安の主症状を表すとされる4下位尺度計20項目を用いた。回答方法は，「1：あてはまらない」から「5：あてはまる」の5件法であった。

⑤公的自己意識（183名：男性74名，女性107名，不明者2名）：菅原（1984）による「自意識尺度」の下位尺度，「公的自意識」11項目を用いた。回答方法

は，「1：あてはまらない」から「5：あてはまる」の5件法であった。
(4) 手続き
　大学の講義時間を利用して回答を依頼し，一斉に実施した。合計5つの講義において実施したが，時間上の制約のため質問紙に含まれていた尺度はそれぞれの講義で異なる。所要時間はいずれも15～20分程度であった。

3．結果

(1) 友人関係に対する動機づけ尺度の確認的因子分析
　友人関係に対する動機づけ尺度28項目について，仮定された下位尺度ごとに主成分分析を行った。次に，各主成分に対して負荷量の高い上位4項目ずつ（主成分負荷量は.59～.80）を用いて，4因子構造を想定した確認的因子分析を行った。母数の推定には最尤推定法を用いた。先行研究に従い（Hayamizu, 1997；岡田，2010；Ryan & Connell, 1989），概念的に隣り合う因子間（外的調整と取り入れ的調整，取り入れ的調整と同一化的調整，同一化的調整と内発的動機づけ）と，もっとも隔たった因子間（外的調整と内発的動機づけ）には共分散を仮定した。その結果，χ^2値は有意であったものの（$\chi^2(100) = 458.87$, $p < .001$），他の適合度指標は一定の値を示したため（GFI = .90, AGFI = .86, CFI = .88），それぞれの動機づけ概念に一致する4因子構造が示されたと判断した。各項目の因子負荷量と平均値，SD を Table 2-2に示す。

(2) 友人関係に対する動機づけ尺度の下位尺度間の相関
　下位尺度ごとに4項目の加算平均を下位尺度得点とした。また，動機づけの下位尺度に重みづけをした合成変数 RAI を算出した。算出方法は，RAI =（－2×外的調整）+（－1×取り入れ的調整）+（1×同一化的調整）+（2×内発的動機づけ）である（Range = －12～12）。
　次に，動機づけの下位尺度間の相関係数と記述統計量を算出した（Table 2-3）。その結果，概念的に隣り合う動機づけの間には正の相関があり，隔たるにつれて相関が弱くなるもしくは負の相関になるという相関パターンがみられ（Hayamizu, 1997；Ryan & Connell, 1989），構成概念妥当性が示されたといえる。外的調整と取り入れ的調整の相関，あるいは取り入れ的調整と同一化的調整の相関に比して，同一化的調整と内発的動機づけの相関が強いという点は，

▷Table 2-2　友人関係に対する動機づけ尺度の確認的因子分析の結果

項目	F1	F2	F3	F4	Mean	SD
外的調整						
一緒にいないと，友人が怒るから	.63				1.59	0.82
親しくしていないと，友人ががっかりするから	.62				2.11	1.02
友人関係を作っておくように，まわりから言われるから	.54				1.92	0.99
友人の方から話しかけてくるから	.41				2.84	0.94
取り入れ的調整						
友人がいないと，後で困るから		.67			3.31	1.19
友人がいないと不安だから		.66			3.58	1.14
友人がいないのは，恥ずかしいことだから		.61			2.59	1.23
友人とは親しくしておくべきだから		.59			3.10	1.15
同一化的調整						
友人と一緒に時間を過ごすのは，重要なことだから			.77		3.92	0.95
友人関係は，自分にとって意味のあるものだから			.69		4.22	0.85
友人といることで，幸せになれるから			.65		3.84	1.02
友人のことをよく知るのは，価値のあることだから			.65		3.69	0.99
内発的動機づけ						
友人と話すのは，おもしろいから				.82	4.41	0.80
友人と一緒にいると，楽しい時間が多いから				.81	4.38	0.77
友人と一緒にいるのは楽しいから				.77	4.54	0.73
友人と親しくなるのは，うれしいことだから				.71	4.24	0.90

▷Table 2-3　変数間の相関係数と記述統計量

	1	2	3	4	Mean	SD
1．外的調整					2.11	0.64
2．取り入れ的調整	.41***				3.15	0.87
3．同一化的調整	-.02	.34***			3.92	0.75
4．内発的動機づけ	-.23***	.15***	.71***		4.40	0.67
5．RAI	-.74***	-.36***	.52***	.76***	5.41	2.63

***$p<.001$

岡田（2010）の結果と一致している。

（3）他の尺度との関連

　自己決定意識尺度について，逆転項目の得点を逆転した後，25項目に対して主因子法による探索的因子分析を行った。固有値の減衰状況および因子の解釈可能性から3因子解を採用した。その後，3因子を指定して因子分析（主因子法・プロマックス回転）を行い，どの因子にも.40以上の負荷を示さない項目と複数の因子に.40以上の負荷を示す計4項目を削除した。残りの21項目に対

して再度因子分析を行い，プロマックス回転を施した。第1因子は「自分のことは自分で決めたい」など，自己決定を志向する項目の負荷が高かったため「自己決定への志向性」因子とした。第2因子は「何かを自分で決めるのは面倒なので好きではない（逆転項目）」など，自己決定に対する否定的感情を示す項目の負荷が高かったため「自己決定への否定的感情の少なさ」因子とした。第3因子は「大事なことは誰かに決めてもらうべきである（逆転項目）」など，他者による決定を好む傾向を示す項目の負荷が高かったため「他者決定への選好の少なさ」因子とした。それぞれの因子に.40以上の負荷をもつ項目群を下位尺度の項目とした。すなわち，「自己決定への志向性」8項目，「自己決定への否定的感情の少なさ」9項目，「他者決定への選好の少なさ」4項目の3下位尺度である。各下位尺度のα係数は.71〜.84であり，一定の信頼性を有することが示されたため，下位尺度ごとの加算平均を下位尺度得点とした。また，3下位尺度の合計得点を「自己決定意識全体」得点とした。逆転項目を逆転しているため，3つの下位尺度得点および自己決定意識全体得点の高さは，いずれも自己決定意識の高さを表す。3下位尺度間の相関係数は$r=.44〜.49$であった。

友人関係に対するコンピテンス尺度について，I-T相関の低かった2項目を削除した後，7項目でのα係数を算出したところ，$\alpha=.80$と高い値を示した。そのため，7項目の加算平均を「友人関係コンピテンス」得点とした。

対人恐怖心性尺度について，仮定された下位尺度ごとにα係数を算出したところ，$\alpha=.80〜.89$と高い信頼性を有することが示されたので，下位尺度ごとの加算平均を下位尺度得点とした。すなわち，「自分や他人が気になる悩み」，「集団に溶け込めない悩み」，「社会的場面で当惑する悩み」，「目が気になる悩み」の4下位尺度（各5項目）である。また，4下位尺度得点の合計得点を「対人不安」得点とした。4下位尺度間の相関係数は$r=.48〜.67$であった。

公的自意識尺度について，逆転項目の得点を逆転した後，11項目でのα係数を算出したところ，$\alpha=.90$と高い信頼性を有することが示された。そのため，11項目の加算平均を「公的自己意識」得点とした。

次に，動機づけの下位尺度およびRAIと，他の変数との相関係数を算出した（Table 2-4）。自己決定意識について，外的調整は他者決定への選好の少な

▶Table 2-4 友人関係に対する動機づけと他の尺度との相関係数

	志向性	否定的感情	他者決定	自己決定意識全体	コンピテンス	対人不安	公的自己意識
外的調整	-.05	-.13	-.26**	-.19*	-.08	.18***	.15**
取り入れ的調整	-.02	-.24**	-.15	-.17†	.16***	.20***	.43***
同一化的調整	.19*	.07	-.01	.11	.53***	-.20***	.16*
内発的動機づけ	.22**	-.02	.07	.12	.46***	-.20***	.12
RAI	.21*	.16†	.22*	.24*	.36***	-.29***	-.14†

†p<.10, *p<.05, **p<.01, ***p<.001

注)志向性:自己決定への志向性,否定的感情:自己決定への否定的感情の少なさ,他者決定:他者決定への選好の少なさ,コンピテンス:友人関係に対するコンピテンス

さと,取り入れ的調整は自己決定への否定的感情の少なさと有意な負の相関を示し,同一化的調整と内発的動機づけは自己決定への志向性と正の相関を示した。また,RAIは下位尺度得点,自己決定意識全体得点と有意な正の相関を示した(否定的感情の少なさとの相関は有意傾向)。友人関係コンピテンスに対しては,同一化的調整と内発的動機づけが比較的強い正の相関を示し,RAIとの間にも有意な正の相関がみられた。対人不安については,外的調整と取り入れ的調整は集団に溶け込めない悩みを除く他の下位尺度および対人不安得点と有意な正の相関を示し($r=.14〜.23$),RAIはすべての下位尺度および対人不安得点と有意な負の相関を示した($r=-.18〜-.31$)。公的自己意識は,取り入れ的調整との間に有意な正の相関がみられた。しかし,内発的動機づけとは無相関であった。以上の結果は予測をほぼ支持するものであり,友人関係に対する動機づけ尺度の構成概念妥当性が示されたといえる。

(4)信頼性の検討

下位尺度ごとにα係数を算出したところ,外的調整が.61,取り入れ的調整が.76,同一化的調整が.84,内発的動機づけが.86であった。再検査信頼性については,外的調整が.68,取り入れ的調整が.76,同一化的調整が.80,内発的動機づけが.69,RAIは.83であった。外的調整のα係数が若干低いものの,再検査信頼性についてはある程度の値が得られており,全体的に友人関係に対する動機づけ尺度は一定の信頼性を有するものであるといえる。

(5)男女差の検討

動機づけの下位尺度得点の性差についてHotellingのT^2検定を行った。その

▷Table 2-5　友人関係に対する動機づけの性差

	男性		女性		t 値	効果量 (d)
	Mean	SD	Mean	SD		
外的調整	2.16	0.67	2.07	0.62	1.53	0.14
取り入れ的調整	3.03	0.92	3.22	0.85	2.25*	0.21
同一化的調整	3.79	0.78	4.04	0.69	3.72***	0.35
内発的動機づけ	4.27	0.77	4.53	0.54	4.29***	0.40
RAI	4.97	2.93	5.74	2.33	3.15**	0.29

*$p<.05$, **$p<.01$, ***$p<.001$

結果，T^2値は有意であり（$T^2=.05, F(4, 464)=6.00, p<.001$），取り入れ的調整（$d=.21, t(464)=2.25, p<.05$），同一化的調整（$d=.35, t(464)=3.72, p<.001$），内発的動機づけ（$d=.40, t(464)=4.29, p<.001$）においていずれも男性に比して女性の方が高い値を示した。また，RAIに対しても男女差を検討したところ，女性の方が有意に高い値を示した（$d=.29, t(464)=3.15, p<.01$）。親和動機に関する研究では，親和傾向と拒否不安の両側面ともに，男性よりも女性の方が高いことが知られている（Hill, 1987；Maccoby, 1990）。友人関係という具体的な関係に対する動機づけに関してもこの親和動機の違いが反映され，男女差がみられたものと考えられる。男女ごとの平均値を Table 2-5に示す。

4．考察

研究1では，自己決定理論の枠組みから友人関係に対する動機づけを測定する尺度を作成し，その妥当性と信頼性について検討した。妥当性に関しては，まず確認的因子分析を行ったところ，概念的定義に合致する4因子構造が確認された。次に，下位尺度間の相関係数を求めたところ，隣り合う動機づけ間では正の相関があり，隔たるにつれて相関が弱くなるもしくは負の相関になるという，理論的に予測された相関パターンがみられた。さらに，自己決定意識，友人関係に対するコンピテンス，対人不安，公的自己意識との関連について検討したところ，ほぼ予測された通りの関連がみられた。これらの結果はすべて友人関係に対する動機づけ尺度が妥当性を有することを支持するものである。信頼性については，内的整合性と再検査信頼性の観点から検討した。下位尺度

によっては一部若干低い値がみられたものの，一定の信頼性を有することが確認された。また，同様に動機づけの自律性の程度を表すRAIについても妥当性と信頼性が確認された。

　これまでの自己決定理論における研究の多くでは，下位尺度とともにRAIを用いて検討がなされている（Blais et al., 1990；Grolnick & Ryan, 1987)。また，本研究で作成された尺度の下位尺度は，外的調整の平均値が低く内発の平均値が高くなっており，分布が若干歪みやすい性質をもっている可能性もある。そのため，この尺度を用いる際には下位尺度のみを用いるのではなくRAIを算出し，両者を相補的に用いて検討していく必要があると考えられる。

第3節　友人関係に対する動機づけ尺度の弁別的妥当性の検討（研究2）

1．目的

　自己決定理論では，領域の違いによらず同様の構成概念を反映する動機づけが想定されている。それに対応して，様々な領域における動機づけ尺度は，外的調整，取り入れ的調整，同一化的調整，内発的動機づけといった同一の下位尺度構造をもっている。そのため，友人関係に対する動機づけ尺度は，他の領域における動機づけ尺度との間にも，質問項目の類似性などから正の相関が生じる可能性が考えられる。友人関係に対する動機づけ尺度が，友人関係に固有の動機づけを測定していることを示すためには，他の領域における動機づけ尺度との関連をみることで，弁別的妥当性について検討する必要がある。

　一方で，自律性や自己決定に対する志向性や動機づけには，パーソナリティとしての個人差が存在するとされており（Deci & Ryan, 2000；Vallerand & Ratelle, 2002），異なる領域における動機づけ間でも，若干の相関がみられることが予想される。すなわち，友人関係に対する動機づけ尺度も，パーソナリティレベルでの自律性に対する志向性や動機づけを反映し，他の領域における動機づけ尺度との間に正の相関がみられることが予想されるのである。Losier, Perreault, Koestner, & Vallerand（2001）は，政治参加に対する動機づけ尺度

を作成する過程で，他の領域における動機づけとの相関を検討している。ここでは，他の領域として学習に対する動機づけ尺度との相関を算出し，対応する下位尺度間の相関が.06〜.40と弱い相関から中程度の相関であったことをもって弁別的妥当性が確認されたとしている。

また，本研究では，友人関係に対する自律的動機づけが，親密な友人関係の形成や維持を促すことで，適応に影響することを想定している。同様に，学習に対する自律的動機づけは，適応や精神的健康を予測することが報告されている（Levesque et al., 2004）。もし友人関係に対する動機づけ尺度が学習に対する動機づけ尺度との間に弁別的妥当性を有するのであれば，それぞれの自律的動機づけは独立に適応や精神的健康を予測するはずである。

研究2では，学習に対する動機づけ尺度との関連，および大学生活への適応感との関連を検討することで，友人関係に対する動機づけ尺度の弁別的妥当性について検討する。友人関係に対する動機づけ尺度が妥当性を有するものであれば，パーソナリティとしての自律性や動機づけを反映し，学習に対する動機づけとの間に弱い正の相関から中程度の正の相関がみられることが予想される。加えて，友人関係に対する動機づけと学習に対する動機づけは，大学生活への適応感に対してそれぞれ独立に影響すると考えられる。

2．方法

(1) 対象者

大学生120名（男性50名，女性70名）に調査を実施した。平均年齢は19.53歳（$SD=1.65$）であった。

(2) 実施時期

2004年11月に実施した。

(3) 質問紙

①友人関係に対する動機づけ：研究1で作成された「友人関係に対する動機づけ尺度」16項目を用いた。

②学習に対する動機づけ：岡田・中谷（2006）が作成した「大学生用学習動機づけ尺度」を用いた。この尺度は，学習活動を行う理由を尋ねるもので，外的調整，取り入れ的調整，同一化的調整，内発的動機づけの4下位尺度からな

る。なお，原尺度は36項目によって構成されていたが，実施時間の制約上，速水他（1996）の「学習動機づけ尺度」を参考に28項目を選択した。回答方法は，「1：あてはまらない」から「5：あてはまる」の5件法であった。

③大学生活への適応感：古市・玉木（1994）が中学生を対象に作成した「学校享受感尺度」，藤井（1998）が作成した「大学生活不安尺度」を参考に10項目を作成した。項目例は，「大学へ行くのが好きである」「朝，なんとなく大学に行きたくないと思うことがある（逆転項目）」である。回答方法は，「1：あてはまらない」から「5：あてはまる」の5件法であった。

(4) 手続き

大学の講義時間を利用して回答を依頼し，一斉に実施した。所要時間は約15分であった。

3．結果

(1) 尺度構成

友人関係に対する動機づけ尺度について，下位尺度ごとに α 係数を算出したところ，$\alpha = .70 \sim .90$ と一定の信頼性を有することが示されたため，下位尺度ごとの加算平均を下位尺度得点とした。また，下位尺度に重みづけをすることでRAIを算出した（RAI-Fとする）。次に，下位尺度間およびRAIとの相関係数を算出した（Table 2-6）。

学習に対する動機づけ尺度については，Hayamizu（1997）の方法に従い，仮定された下位尺度（外的調整，取り入れ的調整，同一化的調整，内発的動機づけ）ごとに主成分分析を行った。それぞれの下位尺度において負荷量の高い上位4項目を用いて，再度主成分分析を行ったところ第1主成分の説明率は58.99～69.96％であり，また α 係数は.76～.85であった。以上の結果から，各下位尺度に含まれる項目は高い内的整合性を有することが示されたため，それぞれ4項目の加算平均を下位尺度得点とした。さらに，友人関係に対する動機づけ尺度と同様に，RAIを算出した（RAI-Aとする）。次に，下位尺度およびRAIとの間の相関係数を算出した（Table 2-6）。

大学生活への適応感10項目について，主因子法による因子分析を行った。固有値の減衰状況から1因子構造と判断した。因子負荷量が.4に満たなかった1

第 2 章　友人関係に対する動機づけの測定

▷Table 2-6　友人関係に対する動機づけと学習に対する動機づけとの相関係数

	1	2	3	4	5	6	7	8	9
1. 外的調整（友人関係）									
2. 取り入れ的調整（友人関係）	.33***								
3. 同一化的調整（友人関係）	-.08	.40***							
4. 内発的動機づけ（友人関係）	-.09	.30***	.78***						
5. RAI-F	-.67***	-.24**	.62***	.73***					
6. 外的調整（学習）	.28**	.34***	-.09	-.08	-.33***				
7. 取り入れ的調整（学習）	.24**	.62***	.30**	.27*	-.10	.43***			
8. 同一化的調整（学習）	.07	.11	.40***	.28**	.20*	-.38***	.17		
9. 内発的動機づけ（学習）	.13	-.04	.25**	.17†	.14	-.44***	-.11	.74***	
10. RAI-A	-.12	-.30***	.16	.10	.27**	-.84***	-.46***	.66***	.83***

†p＜.10．*p＜.05．**p＜.01．***p＜.001

項目を削除し，再度因子分析を行った。9項目でのα係数は.84と高い信頼性を有することが示されたため，9項目の加算平均を「適応感」得点とした。

（2）友人関係に対する動機づけ尺度と学習に対する動機づけ尺度との相関

友人関係に対する動機づけ尺度と学習に対する動機づけ尺度との間の相関係数を算出した（Table 2-6）。その結果，すべての同一の下位尺度間およびRAI間に有意または有意傾向の正の相関がみられた。この中で，取り入れ的調整については，比較的強い相関がみられたものの（$r=.62, p<.001$），他の下位尺度については，$r=.17$〜.40と弱い相関から中程度の相関であった。また，2つのRAIの間の相関係数も.27と比較的小さい値であった（$r=.27, p<.01$）。

（3）動機づけと大学生活への適応感との関連

性別（男性＝0，女性＝1）と2つのRAIを説明変数，適応感得点を基準変数として重回帰分析を行った。その結果，説明率は有意であり（$R^2=.36, p<.001$），性別（$\beta=.20, p<.05$），RAI-A（$\beta=.42, p<.001$）とRAI-F（$\beta=.24, p<.01$）のそれぞれが有意な関連を示した。

次に，動機づけの下位尺度ごとの関連を検討するために，階層的重回帰分析を行った。ステップ1として性別，ステップ2として学習に対する動機づけの4下位尺度得点，ステップ3として友人関係に対する動機づけの4下位尺度得

▶Table 2-7 階層的重回帰分析の結果

	ステップ1	ステップ2	ステップ3
性別（男性＝0，女性＝1）	.29**	.19*	.18*
学習に対する動機づけ			
外的調整		−.23*	−.18†
取り入れ的調整		.01	.05
同一化的調整		.16	.06
内発的動機づけ		.23†	.23†
友人関係に対する動機づけ			
外的調整			.03
取り入れ的調整			−.24*
同一化的調整			.31*
内発的動機づけ			.04
R^2	.08**	.32***	.41***
ΔR^2		.24***	.09**

†$p<.10$, *$p<.05$, **$p<.01$, ***$p<.001$

点を投入した（Table 2-7）。その結果，ステップ 2 での説明率は有意であり（$R^2 = .24$, $p < .001$），外的調整（$\beta = -.23$, $p < .05$）が有意な関連を示し，内発的動機づけ（$\beta = .23$, $p < .10$）の関連が有意傾向であった。また，ステップ 3 では説明率の増分が有意であり（$\Delta R^2 = .09$, $p < .01$），取り入れ的調整（$\beta = -.24$, $p < .05$）と同一化的調整（$\beta = .31$, $p < .05$）が有意な関連を示した。

4．考察

　研究 2 では，学習に対する動機づけ尺度との関連から，友人関係に対する動機づけ尺度の弁別的妥当性を検討した。その結果，Losier et al.（2001）と同様に，全体的に弱い正の相関から中程度の正の相関がみられた。しかし，取り入れ的調整については .62，同一化的調整については .40 と比較的強い相関がみられた。取り入れ的調整と同一化的調整は，外的な働きかけがなくても行動が開始されるものの，何らかの手段として行動がなされるという点でいずれも外発的動機づけの一種として位置づけられている（Ryan & Deci, 2000）。また，これら 2 つの動機づけは，行動に対する内面の理由が大きく異なっており，個人のもつ価値観が大きく影響するものであると考えられる。そのような特徴のために，領域の違いに関わらず個人のパーソナリティレベルでの要素が比較的強く影響するのかもしれない。

　大学生活への適応感との関連では，学習に対する動機づけの効果を統制したうえでも，友人関係に対する動機づけが有意な関連を示した。下位尺度ごとにみてみると，学習と友人関係で，関連を示す側面が異なっていた。学習に対する動機づけでは，外的調整が負の関連を示し，内発的動機づけが正の関連を示したのに対して，友人関係に対する動機づけでは，取り入れ的調整が負の関連を示し，同一化的調整が正の関連を示した。

　以上の結果は，友人関係に対する動機づけが学習に対する動機づけとは異なり，一定の弁別的妥当性を有することを支持するものである。つまり，作成された尺度は，自己決定理論における動機づけをパーソナリティなどの全般的なレベルで測定しているのではなく，友人関係に特有の動機づけを測定しているといえる。ただし，ここでは学習に対する動機づけとの関連を検討したのみで

ある。他の領域における自律的動機づけとの関連についても検討することで，弁別的妥当性についてさらに検討する必要がある。

第4節　友人関係に対する動機づけの発達差（研究3）

1．目的

　研究3では，青年期における友人関係に対する動機づけの発達差について，中学生，高校生，大学生を比較する横断的データから検討する。友人関係の特徴を調べた先行研究からは，同じ青年期であっても，年齢によって友人関係の様態や特徴には，質的にも量的にも差がみられることが指摘されている（Hartup & Stevens, 1997）。質的な変化に関するものとしては，自己開示や援助行動，同調行動などの友人関係の特徴が，それぞれの年齢段階においてどのように増減するかを検討した研究がみられる（Brown et al., 1986；Hunter & Youniss, 1982）。質的な変化に言及したものとしては，友人概念の構造的変化を検討したものや（楠見・狩野，1986），各年齢段階における友人関係の様態を記述したもの（保坂・岡村，1986）がある。

　友人関係に対する動機づけの量的な面での差について，いくつかのパターンが考えられる。発達に伴って全体的な自律性が獲得されていくというプロセスを仮定するのであれば，友人関係に対する動機づけに関しても，中学生から大学生に向かうにしたがってより自律的なものになっていくことが考えられる。一方で，学習やスポーツなどの領域において，大学生でも自律的でない動機づけをもつものは相当数存在することを考えれば（Pelletier, Fortier, Vallerand, Tuson, Brière, & Blais, 1995；Vallerand & Bissonnette, 1992），必ずしも発達にしたがって自律的動機づけが単調増加を示すとは限らない。例えば，学習に対する動機づけに関しては，中学から高校への移行において，同一化的調整や内発的動機づけなどの自律的な側面と同時に，取り入れ的調整や外的調整なども低下する傾向がみられることが報告されている（Otis, Grouzet, & Pelletier, 2005）。

研究3では，友人関係に対する動機づけの発達的変化について，横断的なデータから探索的に検討し，その発達差について基礎的な資料を提供することを目的とする。

2．方法

(1) 対象者

中学生430名，高校生670名，大学生488名の合計1588名に対して回答を依頼した。欠損値のみられた対象者を省き，最終的に中学生373名（男性189名，女性184名），高校生624名（男性244名，女性378名，不明者2名），大学生468名（男性202名，女性264名，不明者2名）の合計1465名を分析対象とした。

(2) 質問紙

研究1で作成された「友人関係に対する動機づけ尺度」16項目を用いた。高校生と中学生への実施にあたっては，各協力校の担当教諭に項目表現が適切であるかどうかを検討してもらい，一部表現を修正した。

(3) 手続きと調査時期

中学生，高校生，大学生のいずれにおいても，授業時間や講義時間，ホームルームの時間を利用して，担当の教諭，教員によって依頼をしてもらい，一斉に実施した。実施時期に関して，中学生は2005年6～7月，高校生は2004年12月～2005年1月，大学生は2004年10～11月であった。

3．結果

(1) 尺度構成

各下位尺度について，全対象者のデータをもとにα係数を算出した。その結果，$\alpha = .69 \sim .85$であった。次に，学校段階ごとにα係数を算出したところ，中学生では$\alpha = .76 \sim .87$，高校生では$\alpha = .63 \sim .83$，大学生では$\alpha = .62 \sim .86$であった。いずれの学校段階においても一定の信頼性を有することが示されたため，それぞれ4項目の加算平均をもって下位尺度得点とした。全対象者のデータをもとに下位尺度間の相関係数と記述統計量を算出した。その結果，先行研究（Blais et al., 1990；Ryan & Connell, 1989）に一致する相関パターンがみられた。

（２）動機づけの各側面の発達的変化

　学校段階（中学生，高校生，大学生）を独立変数，各動機づけ得点を従属変数として，多変量分散分析を行った。その結果，学校段階の多変量主効果が有意であった（$\lambda = .98, F(8, 2918) = 4.39, p < .001$）。動機づけの下位尺度ごとに分散分析を行ったところ，同一化的調整（$F(2, 1462) = 3.01, p < .05$）と内発的動機づけ（$F(2, 1462) = 8.43, p < .001$）に学校段階の主効果がみられ，多重比較（TukeyのHSD法）の結果，同一化的調整に関しては中学生が高校生よりも高く（$d = .16$），内発的動機づけに関しては中学生が高校生（$d = .19$）と大学生（$d = .30$）に比して高い値を示した。下位尺度ごとの平均得点をTable 2-8に，各動機づけごとに標準化した得点をFigure 2-1に示す。

▶Table 2-8　各学校段階における友人関係に対する動機づけの平均値と SD

	中学生		高校生		大学生		F 値
	Mean	SD	Mean	SD	Mean	SD	
外的調整	2.10	.82	2.02	.69	2.11	.64	2.66
取り入れ的調整	3.24	.98	3.15	.90	3.14	.88	1.36
同一化的調整	4.01	.86	3.87	.89	3.93	.74	3.01*
内発的動機づけ	4.60	.59	4.47	.73	4.41	.66	8.43***

*$p < .05$, ***$p < .001$

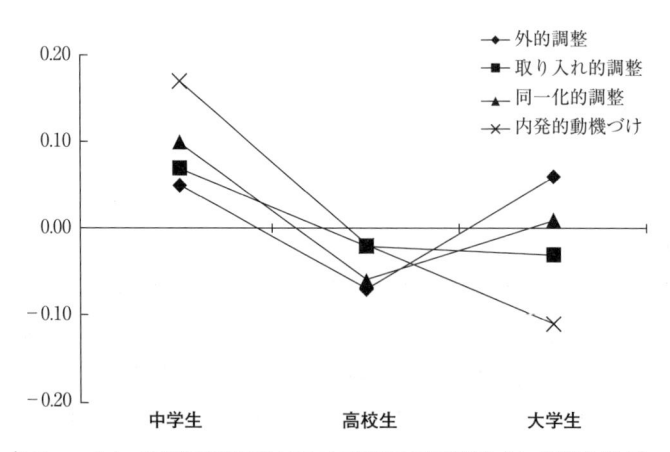

▶Figure 2-1　各学校段階における友人関係に対する動機づけ（標準化得点）

4．考察

　研究4では，青年期における友人関係に対する動機づけの発達的変化について，中学生，高校生，大学生を比較する横断的データから検討した。動機づけの下位側面について，同一化的調整と内発的動機づけに学校段階による差がみられ，いずれも中学生において高い傾向がみられた。友人関係は，その性質として自発性をもつ関係であり（遠矢，1996），また学習などの領域に比して内発的に動機づけられやすい活動領域であるとされている（Chandler & Connell, 1987）。そのため，基本的に友人関係は，内発的動機づけや同一化的調整による自律的な動機づけによって形成され，維持されやすいものであると考えられる。発達的にみて比較的早い段階にある中学生の時期には，そのことを反映し，多くの生徒が相手に対する重要性や個人的な興味に基づいて友人関係を形成していることが推察される。しかし，高校や大学へと進むにつれて，友人との関係はより複雑化し，多様なものとなっていく。例えば，青年期における友人との付き合い方の発達的変化について検討した落合・佐藤（1996）は，高校生の時期は友人関係の転換期であり，様々な友人関係が混在していることを示している。そのような多様化する人間関係においては，友人関係全般に対して興味や重要性をもとにかかわることは少なくなり，内発的動機づけや同一化的調整が低下するものと考えられる。

　一方で，学校段階による差が全般的に小さかった点には注意が必要である。友人関係に対する動機づけの発達差は，それほど大きなものではなく，青年期の各段階においてそれぞれの動機づけが友人関係場面において機能していると考えられる。これまで，様々な社会的要因やパーソナリティ要因が，対人関係面での動機づけに影響する可能性が指摘されている（Vallerand, 1997）。友人関係に対する動機づけを考えるうえでは，直接的に発達差を問題にするよりも，それぞれの年齢段階において，動機づけに影響し得る社会的要因やパーソナリティ要因について検討することの方がより重要かもしれない。

第5節　友人関係に対する動機づけの測定（第2章のまとめ）

1．第2章の知見

　第2章では，自己決定理論の枠組みから友人関係に対する動機づけを測定する尺度を作成し，その妥当性と信頼性について検討した。研究1では尺度項目を作成し，妥当性と信頼性の検討を行った。研究2では学習に対する動機づけ尺度および大学生活への適応感との関連を検討することで，弁別的妥当性について検討した。研究3では友人関係に対する動機づけの発達差について，横断的なデータを用いて検討した。

　研究1では，まず尺度の項目を作成した。これまで学習領域において代表的に用いられてきたSRQに対応するかたちで，外的調整，取り入れ的調整，同一化的調整，内発的動機づけの4下位尺度を設定した。妥当性については，複数の側面から検討した。まず，確認的因子分析によって，想定した因子構造が確認され，因子的妥当性が示された。次に，動機づけ尺度の下位尺度間の関連を検討したところ，先行研究と一致する相関パターンがみられたことから，構成概念妥当性が示された。さらに，自己決定意識，友人関係に対するコンピテンス，対人不安，公的自己意識との関連について検討し，概ね予想された通りの関連がみられ，構成概念妥当性が確認された。信頼性については，内的整合性と再検査信頼性の2つの観点から検討し，いずれにおいても一定の信頼性を有することが確認された。

　研究2では，同一の因子構造をもつ学習に対する動機づけ尺度との関連を検討したところ，相関は低い値から中程度の値に留まった。また，大学生活への適応感に対しては，学習に対する動機づけとは独立に予測力をもっていた。これらのことから，友人関係に対する動機づけは学習に対する動機づけとは概念的に異なるものであることが示された。

　以上の2つの研究から，作成された4下位尺度16項目からなる友人関係に対する動機づけ尺度は，一定の妥当性と信頼性を有するものであることが示されたといえる。尺度の使用方法については，4つの下位尺度を用いる他に，RAI

という動機づけの自律性の程度を表す合成変数として使用することもできる。2つの方法を用いて，両方の側面から動機づけの効果を検討することが望ましいといえる。

研究3では，友人関係に対する動機づけの発達差について検討した。中学生，高校生，大学生の間で比較を行ったところ，同一化的調整と内発的動機づけに関して，中学生が高い傾向がみられた。その一方で，学校段階間の差は全般的に小さいものであった。そのため，友人関係に対する動機づけに関しては，青年期における発達差を直接問題にするよりも，それぞれの発達段階や学校段階において動機づけの個人差に影響を与える要因に目を向ける方が有意義であると考えられる。

2．第2章に関連するその他の研究知見

第2章では，友人関係に対する動機づけを測定する尺度を作成し，青年期における動機づけの発達差について検討した。以下に，友人関係に対する動機づけの尺度作成と，動機づけの発達差に関する他の研究を紹介する。

Richard & Schneider（2005）は，5年生から7年生を対象に，友人関係に対する動機づけを測定する尺度の作成を試みている。作成方法として，友人関係を求める動機に関するオープンエンドの質問を通して項目例を収集し，予備調査を経て，非動機づけ，外的調整，同一化的調整，内発的動機づけからなる尺度を作成した。また，動機づけの学年差についても検討しており，3学年間では有意な差がみられないことを報告している。

学習に対する動機づけ尺度との弁別的妥当性に関して，岡田（2008）は，日常の感情経験との関連を検討している。日常の感情経験と自律的動機づけについて，学習と友人関係の2つの領域それぞれにおいて尋ね，両者の関連を領域間で比較した。友人関係に対する動機づけは，本書で作成されたものと同じ尺度を用いている。その結果，学習領域では，快感情の高さが自律的な動機づけの高さと関連していたのに対し，友人関係領域では，抑うつ・不安や敵意の高さが内発的動機づけの低さと関連していた。この結果は，感情と動機づけとの関連が領域によって異なることを示しており，友人関係に対する動機づけを測定する尺度が，学習に対する動機づけとは別の側面を弁別して捉えていること

を示すものである。

　動機づけの発達差に関して，O'Connor（1995）は，成人（平均年齢51歳）と高齢者（平均年齢70歳）を対象とした調査を行っている。友人関係に対する動機づけについて，外発的動機づけと内発的動機づけの2側面から尋ねた。この研究では，動機づけと他の要因との関連を比較することを主眼としており，動機づけそのものの比較は行われていなかったが，報告されている平均値を比較してみると，外発的動機づけは成人よりも高齢者の方が高く（$d=.73, t(171)=4.82, p<.001$），内発的動機づけは高齢者よりも成人の方が高かった（$d=.76, t(171)=4.98, p<.001$）。社会情動選択理論（socioemotional selectivity theory：Carstensen, Issacowitz, & Charles, 1999）では，残された人生の年限が少なくなる高齢者においては，全般的に関係の幅が狭くなり，限られた他者と関係を維持しようとするとされている。高齢者においては，友人とかかわろうとする内発的動機づけが低下し，積極的に他者とかかわって関係を広げていこうとすることは少なくなるものと考えられる。

3．残された課題と第2章の問題点

　第2章で残された今後の課題は，尺度の妥当性に関するものである。第2章では，複数の方法を用いて多面的に検討することで，作成された尺度が一定の妥当性を有することが示された。しかし，ここで妥当性の指標として関連を検討した概念は限られたものであり，特に行動指標との関連については検討していない。また，弁別的妥当性についても，学習という1つの領域しか扱っていない。他の領域における動機づけとの関連についても検討する必要がある。

　また，尺度の扱い方に関しても注意すべき点がある。友人関係は，学習などに比して内発的に動機づけられやすい領域であると考えられる（Chandler & Connell, 1987）。その点を反映して，内発的動機づけや同一化的調整は非常に高い値を示しており，得点分布が歪みやすい性質をもっている可能性がある。このような性質を補完する方法としては，RAIを算出することが挙げられる。RAIは，動機づけの自律性の程度を表すものであり，多くの先行研究で動機づけの指標として中心的に用いられてきたものである。第2章でも，RAIは下位尺度と同様に妥当性，信頼性を有することが示された。友人関係に対する

動機づけを検討する際には，下位尺度だけでなくRAIを算出することで，2つを相補的に用いていくことが有意義であると考えられる。

　さらに，研究3で検討した動機づけの発達差については，より詳細な検討が必要である。ここでは，中学生，高校生，大学生を横断的に比較し，学校段階間で動機づけに大きな差はみられないことが示された。しかし，発達的な変化を明らかにするためには縦断的な調査が必要である。青年期の特徴を明らかにするためには，児童期や成人期との比較も必要となる。動機づけの発達的変化を検討することは，今後の重要な課題である。

Summary

　第2章では，友人関係に対するモチベーションを測定する尺度を作成した研究をみてきました。研究の結果を，以下の3点にしぼって確認してみましょう。

　1つ目に，友人関係に対するモチベーションを測定する尺度が作られ，その尺度できちんと測定できるという証拠が得られました。例えば，第2節（研究1）では，自律的なモチベーションは，コンピテンスと関連していると予想しました。データを集めてみると，実際にそうなっていました。興味や重要性が友人とかかわるモチベーションになっている人ほど，友人とかかわるのが得意だと回答したのです。また，第3節（研究2）では，友人関係に対するモチベーションと学習に対するモチベーションの関係は，必ずしも強くありませんでした。これは，「質問項目が似ているけど，本当に友人関係のモチベーションを測っているの？」という問いに対する答えになります。関連が強くないということは，友人関係と学習で違う回答の仕方をしている人がそれなりにいるということですので，きちんと別々のものを測っているといえます（これらのことを妥当性といいます）。さらに，モチベーションの得点は3週間後にもあまり変化していませんでした。そのため，今回作られた尺度は，たまたま変な測定値を出してしまうような不安定なものではないといえます（このことを信頼性といいます）。

　2つ目に，友人関係に対するモチベーションは，大学生活全般に対する適応感と関連していました。第3節（研究2）では，尺度の妥当性を調べるなかで，大学生活への適応感との関係をみていました。その結果，取り入れ的調整が高いほど適応感が低く，逆に同一化的調整が高いほど適応感が高くなっていました。「1人でいるのは恥ずかしいから」というのではなく，「一緒にいるのが自分にとって大切なことだから」と思って友人とかかわっている人は，より大学生活を楽しんでいるようです。友人関係が生活全般に大きくかかわっていることが窺える結果です。

　3つ目に，友人関係に対するモチベーションには，ほとんど学校段階による差がありませんでした。第4節（研究3）では，中学生，高校生，大学生の間でモチベーションを比較しました。高校生と大学生に比べて，中学生は興味や楽しさといった内発的動機づけが若干高い傾向がありましたが，あまり大きな差はみられませんでした。少し不思議な感じもしますが，確かに友人とかかわる理由を考えてみると，学校段階が上がってもそんなに変わらないようにも思えます。

　モチベーションのようにかたちのないものを測るのは大変です。伸びている猫にメジャーをあてるようにはいきません。しかし，第2章の研究で下準備は整いました。次章からは，この尺度を使って友人関係に対するモチベーションの役割を調べていくことになります。

コラム1

ひとり老後は「友活」で決まる
保坂 隆　2010年　ベスト新書

　この書籍は，老後の生活に向けて，友だち作りのきっかけやノウハウを紹介するものです。「友活」という言葉は，友だちを作るための活動という意味でしょう。「○活」という言葉は様々なところで目にしますが，その友だち作り版です。この書籍の背景にあるのは，高齢者の孤立や孤独死の問題です。書籍中でも指摘されていましたが，一人暮らしの高齢者の割合は増加しています。そういった状況を受けて，著者は「気楽に行き来したり，ときたま会って楽しい時間を共有できる友だちが何人かいれば，行方不明や孤独死などのほとんどは避けられるはず」(p.5)としています。

　書籍中では，友だちと適切にかかわるためのスキルに注目しています。うまくかかわって友だちを作り，孤立を防ごうということです。「挨拶の時には，相手の名前を添える」や「お金の話はしないようにする」など，友だちを作る様々な方法が具体的なエピソードとともに紹介されており，日常生活のなかですぐに実行することができそうです。

　興味深いのは，友人関係に対するモチベーションに影響しそうな要素が随所にみられることです。紹介されているエピソードの多くでは，友人ができたことによって一人暮らしの生活を楽しんでいる様子が描かれています。友人との関係そのものの楽しさを伝えているという点では，内発的動機づけを高めるような効果があるかもしれません。一方で，外発的な動機づけもなされていると読める部分もあります。例えば，病気になった経験から，「せめてタクシーのワンメーターの距離に住む友だちが一人か二人ほしいと強く思うようになった」(p.25)というエピソードが紹介されています。これは，自分を助けてもらうことを前提としている点で，外発的なモチベーションだといえます。また，この書籍の背景にある「孤立しないように友だちを作らないといけない」というメッセージが伝われば，取り入れ的調整のような不安にもとづくモチベーションが高まるかもしれません。

　本文でも紹介しましたが，社会的情動選択理論では，高齢になると，新しい関係を広げていこうとするよりも，特定の親密な他者との関係を享受するようになるとされています。そのため，「たくさん友だちを作りましょう」というメッセージは，年配の方にとっては，やや負担になることもあるかもしれません。また，高齢者は友人関係に対する内発的動機づけが低くなりがちだということが明らかにされており，自ら積極的に友人にかかわることは次第に少なくなるものと考えられます。高齢者が友人関係に対してもつモチベーションの特徴を踏まえたうえで，どのように友人とのかかわりを促すかを考える必要があるでしょう。

第 3 章

友人関係に対する動機づけと友人とのかかわり
——どのようなモチベーションが友人とのかかわりを促すか？

　あなたは，1人で大学の教室の後ろの方に座って授業が始まるのを待っていたとします。すると，1つ隣の席に同じく1人で座っていた学生が「先生，来るの遅いね」と話しかけてきました。その学生とは同じ学科でしたが，今まで話したことはありませんでした。あなたは少し驚きましたが，「そうだね。あの先生，いつも遅れてくるよね。そうか，○○さんもこの授業とってたんだね」と返しました。

　このような例は大学ではよくみられるものだと思います。大学だけでなく中学校や高校でも，特に4月あたりには似たような状況があるでしょう。ここで少し考えてみたいのは，学生が話しかけてきた理由です。なぜこの見知らぬ学生は話しかけてきたのでしょうか。理由は色々と考えることができます。「1人でいると変な人と思われそうだから」という理由もあるでしょうし，「人と話すのが好きだから」という理由もあるでしょう。

　第2章でみたように，人とかかわろうとする背景にあるモチベーションには，いくつかのタイプを想定することができます。この例のような初対面の場面だけでなく，日ごろから友人とかかわろうとする際にも，その背景には様々なモチベーションが働いています。人が友人と仲良くしていたいのはなぜでしょうか。これについても，「1人になりたくないから」「友人と話すのが楽しいから」「友人との関係が自分にとって大切だから」など，人によって様々な理由があり得ます。そういったモチベーションがもとになって，友人と助け合ったり，悩みを相談し合ったりするようなかかわりが生じているものと思います。

　第3章では，モチベーションが友人とのかかわりに対してどのように影響しているのかを考えていきます。どのようなモチベーションが友人とのかかわりを促すのでしょうか。友人とのかかわりをいくつかの側面から捉え，モチベーションとの関連を調べた研究をみていきましょう。

第1節　友人とのかかわりに関する研究知見および第3章の目的

1．友人とのかかわりに関する知見

　人は友人との間で様々な相互作用を行っている。ただ友人関係がそこにあるというのではなく，自身が友人に対して働きかけ，またそれに伴って友人から働きかけられることで関係が展開していくのである。第3章では，このような友人とのかかわりに対して，動機づけがどのように関連しているかを検討していく。

　これまでの研究では，友人とのかかわりに関して様々な側面から研究がなされてきた。その1つに向社会的行動（prosocial behavior）がある。友人に対して援助的，協同的にかかわることは，親密な関係を形成し，維持するための重要な行動であると考えられる。友情の概念や友人関係における期待について検討した研究では，援助行動や向社会的行動は，中学生から大学生にわたって友人に対して強く期待される行動であることが報告されている（La Gaipa, 1979；和田，1996）。また，友人に対して向社会的に振る舞う生徒ほど，友人から受容されていることを示す知見もある（Wentzel & Erdley, 1993）。

　友人とのかかわりの他の側面として自己開示（self-disclosure）がある。安藤（1990）は，自己開示がもつ機能の1つとして，二者関係の発展を挙げている。自己に関する内容を相手に伝えることで，自身と相手との間で情報を共有することになり，そのことが親密感を高めることになる。また，自己開示は自尊心にとって脅威となるものであるため（片山，1996），被開示者にとっては自己開示が相手からの好意や信頼を表すものとして認知される。このような理由から，友人に対して積極的に自己開示を行うことは，親密な関係の形成や維持を促すものとなるのである。

　向社会的行動と自己開示は，いずれも自身の行動に対して相手から同等の行動が返されるという返報性や相互性という特徴をもつことが知られている（Barry & Wentzel, 2006；大坊，1996；Oswald et al., 2004；Taylor, 1979）。例えば，向社会的行動については，中高生を対象とした Barry & Wentzel

(2006)の研究がある。ここでは，クラス内の友人を指名させる方法によって双方向的な友人関係を特定し，友人の向社会的行動の頻度が，自身の向社会的目標や向社会的行動に影響することを明らかにしている。自己開示については，岡田他（2005）が，友人に対して行う自己開示量と友人から受ける自己開示量との間に強い相関がみられることを報告している。これらの知見は，自分から友人にかかわっていくことが，相互作用の開始点となり得る可能性を示している。つまり，自身が友人を援助し，自らの情報を相手に開示するなど積極的に働きかけることで，相手からも同様の行動が返され，そのことで友人関係が発展していくのである。

　一方，友人関係においては，関係の発展を阻害するような不適応的なかかわりが生じることもある。その代表的なものとして攻撃行動が挙げられる。Berndt & Keefe（1995）は，友人関係には肯定的な特徴と否定的な特徴の2つの側面があるとしている。肯定的な特徴とは，親密な自己開示や援助行動，自尊心のサポートであり，否定的な特徴とは，葛藤や対抗心である。否定的な特徴である葛藤や対抗心は，ときとして友人に対する攻撃行動や攻撃的な感情として表出されることがある。攻撃性を高く示すものは，ソーシャル・サポートを受けにくいこと（Barefoot, Dahlstrom, & Williams, 1983）や否定的な対人関係を生じやすいこと（Harris, 1997）が報告されており，友人関係の形成・維持にとって抑制的な影響を与えると考えられる。

　別の視点として，友人関係の時期に注目することもできる。親和傾向に関する研究では，初対面の他者との相互作用場面で生じる行動について検討がなされている。友人関係の形成過程は，お互いに未知の他者である状態から，相互作用を繰り返すことで次第に親密になっていくプロセスであると考えられる。例えば，大学での講義や部活などで友人と知り合い，次第に関係を深めていくプロセスを考えた場合，その最初期にはお互いに未知の状態で何かしらの課題や環境を共有する場面があると考えられる。実験室において他者と相互作用的に関わる場面は，友人となり得る他者との初対面の状況と類似したものとなり得る。友人関係の初期分化に関する研究では，関係初期の相互作用が後の親密化を予測することが示されていることから（Berg, 1984；Hays, 1985；山中，1994），実験場面での他者に対する親和的な行動は，親密な友人関係の形

成や維持を考えるうえで重要な要因であるといえる。

2．第3章の目的

　第3章では，友人関係に対する動機づけと友人とのかかわりとの関連について検討する。親密な友人関係の形成や維持を促すかかわりとして，向社会的行動と自己開示を取り上げる。これらの行動は，友人関係の肯定的な特徴として重視されてきたものである（Berndt & Keefe, 1995）。友人関係に対する自律的動機づけは，友人に対する向社会的行動や自己開示など，友人との積極的なかかわりを促すことで，親密な関係の形成，維持に影響することが考えられる。研究4では向社会的行動との関連を，研究5は自己開示との関連について検討する。研究6では，友人関係を阻害し得る否定的なかかわりとして，攻撃性との関連を検討する。さらに，研究7では，友人関係初期の疑似的状況として，実験室における未知の他者との相互作用場面を設定し，そこでの行動との関連を調べる。

第2節　友人関係に対する動機づけと向社会的行動との関連（研究4）

1．目的

　研究4では，友人関係に対する動機づけと向社会的行動との関連について検討する。また，自律的動機づけによって促された向社会的行動が親密な友人関係の形成や維持に及ぼす影響を検討するために，友人関係に対する充実感との関連についても調べる。研究4で検証するプロセスは，動機づけ→向社会的行動→友人関係に対する充実感となる。

　向社会的行動は，自身と友人との間で相互的に行われる行動であるが，その相互性には若干の年齢差があると考えられる。中学生から大学生までの友人概念の発達的変化について検討した楠見・狩野（1986）は，いずれの時期においても援助行動は友人関係の重要な特徴の1つであるものの，特に大学生においては援助行動がそれまでの一方向的なものから相互性をもつものに変化すると

している。また，向社会的行動の動機は加齢に伴って発達的に変化することが明らかにされており，自発的な動機は比較的年齢が高くなってから発現するとされている（高木，1998）。以上の点を考慮し，ここでは大学生を対象とする。

2．方法

(1) 対象者

大学生および短期大学生，専門学校生260名に回答を依頼した。欠損値のみられた対象者を省き，252名（男性70名，女性182名）を分析対象とした。平均年齢は19.50歳（$SD=1.24$）であった。

(2) 実施時期

2007年7月に実施した。

(3) 質問紙

①友人関係に対する動機づけ：研究1で作成された「友人関係に対する動機づけ尺度」16項目を用いた。

②向社会的行動：横塚（1989）による中高生用の「向社会的行動尺度」をもとに，項目表現を修正するなどして大学生の友人に対する向社会的行動を測定するのに妥当であると考えられる8項目を作成した。回答方法は，「1：ほとんどしない」から「5：よくする」の5件法であった。

③友人関係に対する充実感：黒田・桜井（2003）の「友人関係における充実感尺度」4項目を用いた。回答方法は「1：あてはまらない」から「5：あてはまる」の5件法であった。

(4) 手続き

講義時間を利用して回答を依頼し，一斉に実施した。

3．結果

(1) 尺度構成

友人関係に対する動機づけ尺度については，下位尺度ごとに4項目の加算平均をもって下位尺度得点とした。また，下位尺度得点に重みづけをすることで，RAI得点を算出した。向社会的行動尺度について，8項目に対して主成分分析を行ったところ，第1主成分の説明率は39.00%であり，主成分負荷量もす

▶Table 3-1 向社会的行動尺度の主成分分析結果

項目	F1	Mean	SD
苦しい立場にある友人を親身になって助ける	.78	3.98	0.77
友人が失敗したときに励ます	.69	4.21	0.74
友人の悩みを聞いたり，相談相手になったりする	.69	4.19	0.84
友人の手伝いをする	.68	3.93	0.76
休んだ友人にノートを貸す	.58	3.80	1.10
友人の荷物をもってあげたり，傘に入れてあげる	.56	4.23	0.71
友人がけがをしたり，病気のとき，手当てをする	.49	3.64	1.03
友人に勉強を教えてあげる	.47	3.20	1.15

べて.47以上であったため，8項目の加算平均を「向社会的行動」得点とした。8項目でのα係数は.75であった。主成分分析の結果をTable 3-1に示す。友人関係に対する充実感について，4項目でのα係数を算出したところ.80であった。そのため，4項目の加算平均を「友人充実感」得点とした。

(2) 変数間の相関係数

性別（男性＝0，女性＝1），友人関係に対する動機づけ，向社会的行動，友人充実感の間の相関係数を算出した（Table 3-2）。RAIは，向社会的行動（$r=.16$, $p<.05$）と友人充実感（$r=.46$, $p<.001$）のいずれとも正の相関がみられた。また，動機づけの下位尺度については，同一化的調整と内発的動機づけが，向社会的行動（$r=.35$, .54, $p<.001$）と友人充実感（$r=.24$, .59, $p<.001$）のいずれとも正の相関があった。向社会的行動と友人充実感の間には正の相関がみられた（$r=.38$, $p<.001$）。

(3) 友人関係に対する動機づけが向社会的行動を介して友人充実感に影響するモデルの検証

Baron & Kenny (1986) に従って，RAI→向社会的行動→友人充実感の媒介モデルを検討した。最初に，性別とRAIを説明変数，向社会的行動を基準変数とする重回帰分析を行った。その結果，性別の標準偏回帰係数は有意であり（$\beta=.25$, $p<.001$），RAIの標準偏回帰係数は有意傾向であった（$\beta=.11$, $p<.10$）。次に，友人充実感を基準変数とする階層的重回帰分析を行った。ステップ1として性別，ステップ2としてRAI，ステップ3として向社会的行動を投入した。ステップ2において説明率は有意であり（$R^2=.23$, $p<.001$），

第3章　友人関係に対する動機づけと友人とのかかわり

▽Table 3-2　変数間の相関係数と記述統計量

	1	2	3	4	5	6	7	Mean	SD	α係数
1. 性別（男性＝0，女性＝1）								－	－	－
2. 外的調整	-.00							2.18	0.62	.53
3. 取り入れ的調整	.28***	.42***						3.21	0.89	.75
4. 同一化的調整	.35***	.04	.40***					4.20	0.75	.83
5. 内発的動機づけ	.29***	-.10	.26***	.77***				4.57	0.61	.88
6. RAI	.15*	-.71***	-.33***	.53***	.70***			5.78	2.41	－
7. 向社会的行動	.27***	.07	.09	.35***	.24***	.16*		3.90	0.54	.75
8. 友人充実感	.21***	-.07	.12	.54***	.59***	.46***	.38***	3.90	0.68	.80

*p<.05. ***p<.001

65

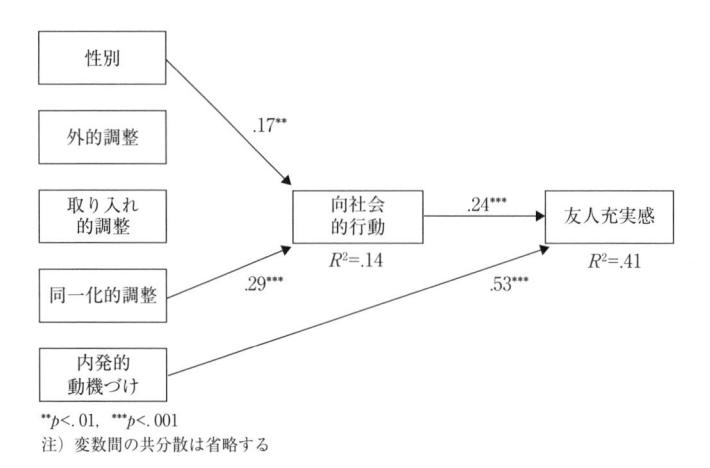

```
      性別
                        .17**
     外的調整
                              ┌──────┐  .24***  ┌──────┐
     取り入れ              →│向社会│────────→│友人充│
      的調整                 │的行動│          │実感  │
                              │R²=.14│          │R²=.41│
     同一化的調整  .29***    └──────┘          └──────┘
                                       .53***
     内発的
     動機づけ
```

**p<.01, ***p<.001
注）変数間の共分散は省略する

▶Figure 3-1　動機づけが向社会的行動を介して友人充実感に影響するモデルのパス解析結果

RAIが有意な関連を示した（β=.43, p<.001）。ステップ3では説明率の増分が有意であり（ΔR^2=.08, p<.001），向社会的行動（β=.29, p<.001）とRAI（β=.40, p<.001）が有意な関連を示した。

　動機づけの下位尺度について同様に媒介モデルを検討した。尺度得点を用いたパス解析を行った。4つの動機づけから向社会的行動に対するパス，4つの動機づけと向社会的行動から友人充実感に対するパス，4つの動機づけ間の共分散を設定した。また，性別を統制変数として用い，向社会的行動と友人充実感に対するパスおよび動機づけとの共分散を設定した。パラメータの推定は最尤推定法によって行った。最初の飽和モデルにおいて有意にならなかったパスと共分散を削除し，再度パラメータの推定を行った。最終的な結果をFigure 3-1に示す。適合度に関して，χ^2値は有意であったものの（χ^2(10)=20.02, p<.05），GFI=.98，AGFI=.94，CFI=.98，RMSEA=.06と一定の値を示した。向社会的行動に対しては，性別（β=.17, p<.01）と同一化的調整（β=.29, p<.001）から有意なパスがみられた。友人充実感に対しては，内発的動機づけ（β=.53, p<.001）と向社会的行動（β=.24, p<.001）から有意なパスがみられた。

4．考察

　研究4では，友人関係に対する動機づけと充実感との関連について，向社会的行動の媒介効果を検討した。その結果，RAIは向社会的行動の頻度を予測し，向社会的行動が多いほど充実感が高かった。動機づけの下位尺度については，同一化的調整が向社会的行動を促し，その結果として友人充実感が高まる効果がみられた。単相関においては，内発的動機づけは向社会的行動と関連を示していたが，パス解析においては友人充実感に対する直接効果しかみられなかった。これは，同一化的調整と内発的動機づけとの間に．77という強い相関があったためであると考えられる。以上の結果から，友人関係に対する自律的動機づけは，向社会的行動を促すことで親密な関係の形成や維持に影響していると考えられる。また，動機づけから向社会的行動への直接効果もみられ，自律的動機づけが他の行動を介して充実感を高めている可能性もある。

　これまでの援助行動や向社会的行動に関する研究では，それらの行動の背後にある動機を明らかにすることが試みられてきた（Dovidio & Penner, 2004）。例えば，Reykowski（1982）は，援助行動の生起に関わる動機として，報酬を得たり罰を回避するという内利性動機，自尊心の高揚を目的とする内心性動機，他者の利益を守ること自体を目標とする内発性動機，心理的に近い他者の利益を守ることを目標とする個人的基準の般化の4つを挙げている。本研究では，向社会的行動に対する直接の動機ではなく，友人関係に対する動機づけと向社会的行動との関連を示した。これは，向社会的行動というものが友人関係において不可欠な側面となっているためであると考えられる。Fitzsimons & Bargh（2003）は，対人関係のタイプとそれぞれの関係における目標との関連性を検討し，友人関係においては援助が主要な目標となっていることを明らかにしている。相手に対して援助的に働きかけることは友人関係の基本的な特徴であるため，友人関係に対する動機づけが向社会的行動と関連するものと考えられる。

第3節　友人関係に対する動機づけと自己開示との関連（研究5）

1．目的

　研究5では，友人関係に対する動機づけと自己開示との関連について検討する。これまで自己開示は，孤独感(榎本・清水，1992)や神経症傾向(Cunningham & Strassberg, 1981) などの精神的健康と関連することが知られている。特に，学校不適応を予防するための社会的スキル促進の観点から，小中学生における自己開示の重要性に関する研究が多くなされている（小口，1991；小野寺・河村，2002）。例えば，小野寺・河村（2002）は，中学生を対象に，クラスのなかのもっとも親しい友人に対する自己開示とクラスの友人全般に対する自己開示とを区別して測定し，それぞれが学級適応に対して促進的な効果をもつことを明らかにしている。友人に対して積極的に自己開示を行うことは，親密な友人関係の形成や維持を促すことで学校適応を高めていると考えられる。そこで，研究5では，中学生を対象に友人関係に対する自律的動機づけが自己開示を介して学校適応を高めるプロセスについて検討する。

2．方法

（1）対象者

　公立中学校の生徒430名（男子225名，女子205名）に調査を実施した。内訳は，1年生133名（男子71名，女子62名），2年生156名（男子87名，女子69名），3年生141名（男子67名，女子74名）であった。

（2）実施時期

　2005年の6月～7月，および9～10月に実施した。

（3）質問紙

　①友人関係に対する動機づけ：研究1で作成された「友人関係に対する動機づけ尺度」16項目を用いた。また，中学生を対象とするにあたり，項目表現に若干の修正を加えた。

　②自己開示：岡田他（2005），小野寺・河村（2002）をもとに，中学生の自

己開示を測定するのに適切であると思われる14項目を選択した。ここでの開示対象は，①と同様に全般的な友人とした。回答方法は，「1：まったく話さない」から「5：よく話す」の5件法であった。

③学校適応：古市・玉木（1994）による「学校享受感尺度」10項目を用いた。回答方法は「1：あてはまらない」から「5：あてはまる」の5件法であった。

（4）手続き

授業時間を利用し，担当教諭によって回答を依頼してもらい，一斉に実施した。また，時間の制約上，①②を2005年の6～7月に，③を2005年の9～10月に実施した。

3．結果

（1）尺度構成

中学生における友人関係に対する動機づけ尺度の妥当性を検討するために，確認的因子分析を行った。先行研究に従い（Ryan & Connell, 1989），概念的に隣り合う因子間（外的調整と取り入れ的調整，取り入れ的調整と同一化的調整，同一化的調整と内発的動機づけ）およびもっとも隔たった因子間（外的調整と内発的動機づけ）には共分散を仮定した。その結果，χ^2値は有意であったものの（$\chi^2(100) = 308.17$, $p < .001$），GFI＝.91，AGFI＝.88，CFI＝.93と一定の適合度を示し，下位尺度ごとのα係数も.75～.88と一定の信頼性を有することが示されたため，各4項目の加算平均を下位尺度得点とした。各項目の因子負荷量と平均値，SDをTable 3-3に示す。また，動機づけの下位尺度に重みづけをし，RAIを算出した。

次に，動機づけの下位尺度間の相関係数と記述統計量を算出した（Table 3-4）。その結果，概念的に隣り合う動機づけ間には正の相関，隔たるにつれて相関が弱くなるもしくは負の相関になるという相関パターンがみられた。この結果は，友人関係に対する動機づけ尺度の妥当性を支持するものである。また，男女差について検討するために，動機づけの下位尺度に対してHotellingのT^2検定を行った。その結果，T^2値は有意ではなかった。

自己開示尺度14項目に対して主因子法による因子分析を行った。固有値の減衰状況と因子の解釈可能性から2因子解を採用した。2因子を指定して再度因

▶Table 3-3　友人関係に対する動機づけ尺度の確認的因子分析の結果

項目	F1	F2	F3	F4	Mean	SD
外的調整						
親しくしていないと，友人ががっかりするから	.77				2.34	1.17
一緒にいないと，友人が怒るから	.68				1.60	0.89
友人関係を作っておくように，まわりから言われるから	.67				1.84	1.08
むこうから話しかけてくるから	.53				2.60	1.16
取り入れ的調整						
友人とは親しくしておくべきだから		.76			3.52	1.26
友人がいないと，後で困るから		.70			3.48	1.25
友人がいないのは，恥ずかしいことだから		.68			2.61	1.31
友人がいないと不安だから		.60			3.38	1.26
同一化的調整						
友人といることで，幸せになれるから			.80		3.96	1.07
一緒に時間を過ごすのは，重要なことだから			.79		3.95	1.07
友人関係は，自分にとって意味のあるものだから			.76		4.21	0.98
友人のことをよく知るのは，価値のあることだから			.73		3.85	1.04
内発的動機づけ						
話をするのがおもしろいから				.82	4.67	0.66
一緒にいると，楽しい時間が多いから				.82	4.56	0.76
一緒にいるのは楽しいから				.80	4.68	0.64
親しくなるのは，うれしいことだから				.78	4.47	0.79

　子分析（主因子法・プロマックス回転）を行った。いずれの因子にも.40以上の負荷量を示さない1項目を削除し，再度同様の因子分析を行った（Table 3-5）。その結果，第1因子は，「勉強や授業に対する悩みについて」「自分のした恥ずかしいことや悪いことについて」など，深刻で内面的な内容を表す7項目の負荷が高かったため，「内面的開示」とした。第2因子は，「冗談や笑い話など楽しいこと，おもしろいことについて」「音楽やファッション，スポーツなど興味のあることについて」など，深刻でない表面的な内容を表す6項目の負荷が高かったため，「表面的開示」因子とした。それぞれ7項目，6項目の加算平均を「内面的開示」得点（α = .85），「表面的開示」得点（α = .72）とした。

　学校享受感尺度については，逆転項目の得点を逆転した後，α係数を算出したところ.92と高い値を示したため，10項目の加算平均を「学校享受感」得点とした。

▷Table 3-4 変数間の相関係数と記述統計量

	1	2	3	4	5	6	7	8	Mean	SD	α係数
1. 性別（男性＝0，女性＝1）									－	－	－
2. 外的調整	-.07								2.10	0.82	.75
3. 取り入れ的調整	-.07	.55***							3.24	0.99	.78
4. 同一化的調整	.07	.04	.23***						3.99	0.87	.86
5. 内発的動機づけ	.10	-.03	.11*	.65***					4.60	0.61	.88
6. RAI	.14**	-.76***	-.54***	.46***	.59***				5.79	2.88	－
7. 内面的開示	.26***	.19***	.19***	.25***	.20***	.00			2.65	0.93	.85
8. 表面的開示	.17***	.03	.14**	.26***	.27***	.13*	.54***		3.54	0.73	.72
9. 学校享受感	.13*	-.09	-.05	.32***	.41***	.33***	.22***	.18***	3.28	0.99	.92

*$p<.05$, **$p<.01$, ***$p<.001$

▶Table 3-5　自己開示尺度の因子分析結果（プロマックス回転後）

項目	F1	F2	Mean	SD
内面的開示				
友人関係の悩みについて	.78	-.00	2.73	1.32
勉強や授業に対する悩みについて	.77	-.14	2.82	1.25
深く傷ついた出来事について	.68	-.01	2.35	1.28
悩み，相談事，困っていることについて	.68	-.11	3.20	1.34
進路に対する悩みについて	.64	-.04	2.31	1.21
自分のした恥ずかしいことや悪いことについて	.55	.06	2.70	1.29
親に対する不満，トラブルや悩みについて	.50	-.07	2.47	1.29
表面的開示				
音楽やファッション，スポーツなど興味のあることについて	-.12	.66	4.19	1.03
悪口やグチ，うわさについて	-.09	.63	3.38	1.16
恋愛や異性，性に関することについて	.13	.58	3.33	1.41
自分や相手の性格について	.05	.55	3.16	1.18
冗談や笑い話など楽しいこと，おもしろいことについて	.00	.39	4.68	0.68
自分の容姿や体の特徴について	.23	.39	2.44	1.16
因子間相関		.63		

（2）変数間の相関係数

　性別（男性＝0，女性＝1），友人関係に対する動機づけ，自己開示，学校享受感の間の相関係数を算出した（Table 3-4）。RAIは，表面的開示（$r=.13$, $p<.05$）と正の相関があったが，内面的開示とはほぼ無相関であった（$r=.00$, n.s.）。学校享受感（$r=.33$, $p<.001$）とは正の相関があった。動機づけの下位尺度では，4下位尺度すべてが内面的開示と正の相関があり（$r=.19$〜.25, $p<.001$），表面的開示とは外的調整以外の下位尺度が正の相関を示した（$r=.14$〜.27, $p<.01$）。2つの自己開示は学校享受感（$r=.22, .18$, $p<.001$）と正の相関があった。

（3）友人関係に対する動機づけが自己開示を介して学校適応感に影響するモデルの検証

　Baron & Kenny（1986）の方法に従い，RAI→自己開示→学校享受感の媒介モデルについて検討した。最初に，性別とRAIを説明変数，2つの自己開示をそれぞれ基準変数とする重回帰分析を行った。内面的開示については，性別のみ有意な関連を示し（$\beta=.24$, $p<.001$），RAIは有意な関連を示さなかった。表面的開示に対しては，小さい値ながらも説明率は有意であり（$R^2=.03$,

第3章　友人関係に対する動機づけと友人とのかかわり

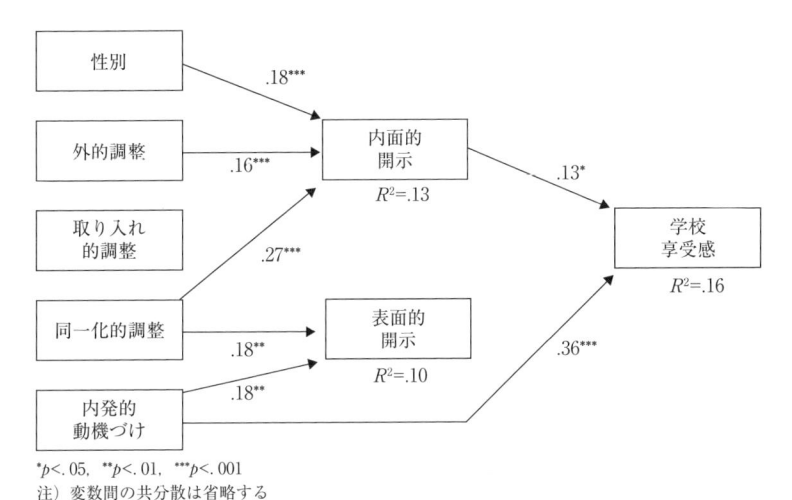

```
                              .18***
  ┌─────┐
  │ 性別 │────────────┐
  └─────┘            ↓
  ┌─────┐      ┌─────────┐
  │外的調整│──.16***→│ 内面的  │──.13*──┐
  └─────┘      │  開示   │        ↓
  ┌─────┐      │ R²=.13  │    ┌─────┐
  │取り入れ│──.27***→└─────────┘    │ 学校 │
  │的調整 │                         │享受感│
  └─────┘                          │R²=.16│
  ┌─────┐      ┌─────────┐    └─────┘
  │同一化的│──.18**→│ 表面的  │        ↑
  │ 調整 │      │  開示   │──.36***─┘
  └─────┘      │ R²=.10  │
  ┌─────┐      └─────────┘
  │内発的 │──.18**→
  │動機づけ│
  └─────┘
```

*p<.05, **p<.01, ***p<.001
注）変数間の共分散は省略する

▶Figure 3-2　動機づけが自己開示を介して学校享受感に影響するモデルのパス解析結果

$p<.01$），性別（$\beta=.12, p<.05$）とRAI（$\beta=.11, p<.05$）が有意な関連を示した。次に，学校享受感を基準変数とする階層的重回帰分析を行った。ステップ1として性別，ステップ2としてRAI，ステップ3として2つの自己開示を投入した。ステップ2において説明率は有意であり（$R^2=.11, p<.001$），RAIが有意な関連を示した（$\beta=.32, p<.001$）。ステップ3では説明率の増分が有意であり（$\Delta R^2=.04, p<.001$），内面的開示（$\beta=.18, p<.01$），RAI（$\beta=.31, p<.001$）が有意な関連を示した。

　動機づけの下位尺度について同様に媒介モデルを検討した。尺度得点を用いたパス解析を行った。4つの動機づけから2つの自己開示に対するパス，4つの動機づけと2つの自己開示から学校享受感に対するパス，4つの動機づけ間の共分散，2つの自己開示間の共分散を設定した。また，性別を統制変数として用い，自己開示と学校享受感に対するパスおよび動機づけとの共分散を設定した。パラメータの推定は最尤推定法によって行った。最初の飽和モデルにおいて有意にならなかったパスと共分散を削除し，再度パラメータの推定を行った。最終的な結果をFigure 3-2に示す。適合度に関して，χ^2値は有意であったものの（$\chi^2(16)=30.61, p<.05$），GFI=.98，AGFI=.95，CFI=.97，RMSEA

=.05と一定の値を示した。内面的開示に対しては，性別（$\beta=.18$, $p<.001$）と外的調整（$\beta=.16$, $p<.001$），同一化的調整（$\beta=.27$, $p<.001$）から有意なパスがみられた。表面的開示に対しては，同一化的調整（$\beta=.18$, $p<.01$）と内発的動機づけ（$\beta=.18$, $p<.01$）から有意なパスがみられた。学校享受感に対しては，内発的動機づけ（$\beta=.36$, $p<.001$）と内面的開示（$\beta=.13$, $p<.05$）から有意なパスがみられた。

4．考察

研究5では，友人関係に対する動機づけが自己開示を介して学校享受感に及ぼす影響について検討した。その結果，RAIを用いた場合には，自己開示の媒介効果はみられなかったものの，動機づけの下位尺度を用いた場合に，同一化的調整と外的調整が内面的な自己開示を介して学校享受感に至るパスがみられた。また，RAIや内発的動機づけから学校享受感に対する直接効果もみられた。

友人関係に対する動機づけと自己開示との関連については，開示内容によって異なる動機づけが関連を示した。表面的な内容の自己開示に対しては内発的動機づけが，内面的な内容の自己開示に対しては同一化的調整が関連していた。この結果は，自律的な動機づけをもっていても，そのあり方によって開示される内容が異なることを示している。友人に対する興味や楽しさなどから動機づけられているものは，日常会話レベルでの自己開示を行うことで，友人との相互作用を楽しもうとしており，その一方で自己の内面に深く関わる悩みなどを開示するには，友人との関係を重要であると感じ，友人関係に積極的な価値を見出していることが必要なのだと考えられる。

また，予想に反して，内面的な自己開示に対しては外的調整も関連していた。このことは，友人からの働きかけによって関係を形成したり，維持したりする動機づけが，内面的な自己開示を促す傾向があることを示している。熊野（2002）は，悩みなどの社会的に望ましくない内容に関しては，自発的な自己開示だけではなく友人から尋ねられて行う自己開示もあり，自尊心に対する効果は自発的な自己開示と同程度であるとしている。ただ，この場合，本人がどのような意図で自己開示を行っているかは，個人によって異なる可能性がある。

友人から自己開示を促すような働きかけがあることで安心して内面を開示できている可能性がある一方で，友人に嫌われることを回避する目的で同調的に自己開示を行っていることも考えられる。また，別の解釈としては，外的調整は友人関係を手段的に捉える側面があるため，サポートを引き出すための道具として友人に対する自己開示を行っているのかもしれない。本研究のデータからはいずれの解釈が正しいかは不明であり，今後の検討課題の1つである。

学校享受感に対しては，内面的な自己開示が関連していた。自身の悩みや問題を友人に対して開示することで，心理的な安定感や解決策が得られ，そのために学校生活を適応的に過ごすことができているのであると考えられる。また，学校享受感に対して，自己開示とは独立に内発的動機づけも関連していた。このことは，友人関係に対する内発的動機づけが，自己開示以外の活動を介して学校享受感を高めていることを示唆している。そのなかには，研究4で検討した向社会的行動も含まれるだろう。また他にも，クラブ活動や遊びなどの共同的な活動にも注目する必要がある。特に自己の内面を開示し合うことがなくても，活動を共有するという経験を通して学校生活を適応的に過ごしているのであると考えられる。

ここでの結果は，同一化的調整が内面的な自己開示に影響し，その結果として学校享受感が高められるというプロセスを示唆している。そのため，学校適応を考えるうえでは，友人関係に対する同一化的調整が重要であるといえる。しかし，友人関係の親密化過程を考えれば，自己の内面に深く関わる開示だけでなく，日常会話レベルでの内容を開示し合うことも重要であろう。日常的なお互いの自己開示を通して，次第に友人関係が形成されていくことが考えられる。その意味で，日常的な内容を開示することにつながる内発的動機づけも友人関係の形成や維持に寄与しているといえる。ただ，内面的な自己開示に対しては，外的調整も正の関連を示しており，必ずしも自律的な動機づけだけでなく，友人の方から働きかけられることでも，悩みなどを開示することにつながる可能性がある。深刻な悩みなどについては，友人側から働きかけられるなどのきっかけがあることで，より開示しやすくなるのかもしれない。

第4節　友人関係に対する動機づけと攻撃性との関連（研究6）

1．目的

　研究6では，友人関係に対する動機づけと攻撃性との関連について検討する。Buss & Perry（1992）は，身体的攻撃，言語的攻撃，短気，敵意の4下位尺度からなるBuss-Perry Aggression Questionnaireを作成し，攻撃性の各側面が，否定的な対人関係（Harris, 1997）や抑うつ感（Gerevich, Bácskai, & Czobor, 2007）と関連することを明らかにしている。自律的動機づけの高いものは，興味や重要性が友人とかかわる動機づけとなっているため，友人とのかかわりにおいて攻撃的に振る舞うことはなく，敵意や怒りを感じることは少ないと考えられる。つまり，自律的動機づけの高さは，攻撃性の4側面の低さにつながると予想される。

　また，研究6では，動機づけが攻撃性を介して自尊心に及ぼす影響についても検討する。自己決定理論に関する研究において，自尊心はウェルビーイングの指標として自律的動機づけとの関連が示されてきたものである（Deci, Ryan, Gagné, Leone, Usunov, & Kornazheva, 2001 ; Levesque et al., 2004）。友人関係に対する自律的動機づけが，ウェルビーイングを高める働きをもつとすれば，自尊心と関連することが予想される。さらに，その関連性は攻撃性によって媒介されることが考えられる。ソシオメーター理論（sociometer theory : Leary, Tambor, Terdal, & Downs, 1995）では，自尊心は他者からの受容と拒絶を監視する心的システムであり，自尊心の変動によって他者から受容されているか拒絶されているかを知ることができるとしている。これまで多くの実験で，他者からの拒絶によって自尊心が低下することが示されている（Leary & Baumeister, 2000）。友人とのかかわりにおいて攻撃的に振る舞うことは，友人からの拒絶を招くことが考えられる。そのため，攻撃性の高さは自尊心の低さにつながることが予想される。そこで，研究6では，大学生を対象に友人関係に対する動機づけが攻撃性を介して自尊心に影響するプロセスについて検討する。

2．方法

（1）対象者
　大学生262名（男性101名，女性161名）に回答を依頼した。平均年齢は20.10歳（$SD=1.05$歳）であった。

（2）実施時期
　2009年5月に実施した。

（3）質問紙
　①友人関係に対する動機づけ：研究1で作成された「友人関係に対する動機づけ尺度」16項目を用いた。

　②攻撃性：Buss and Perry Aggression Questionnaire（Buss & Perry, 1992）の邦訳版である「日本版 Buss-Perry 攻撃性質問紙」22項目（安藤・曽我・山崎・島井・嶋田・宇津木・大芦・坂井，1999）を用いた。この尺度は，言語的攻撃（「意見が対立したときは，議論しないと気がすまない」など5項目），身体的攻撃（「挑発されたら，相手をなぐりたくなるかもしれない」など6項目），短気（「かっとなることを抑えるのが難しいときがある」など5項目），敵意（「陰で人から笑われているように思うことがある」など6項目）の4側面から攻撃性を捉える尺度である。回答方法は，「1：ほとんどしない」から「5：よくする」の5件法であった。

　③自尊心：Rosenberg（1965）の「自尊心尺度日本語版」10項目（山本・松井・山成，1982）を用いた。回答方法は，「1：ほとんどしない」から「5：よくする」の5件法であった。

（4）手続き
　講義時間を利用して回答を依頼し，一斉に実施した。

3．結果

（1）尺度構成
　友人関係に対する動機づけ尺度については，下位尺度ごとに4項目の加算平均をもって下位尺度得点とした（$\alpha=.45\sim.88$）。なお，外的調整については，4項目でのα係数が.45という低い値を示したため，1項目を削除して3

項目での加算平均を用いた（$\alpha = .55$）。下位尺度得点に重みづけをすることでRAI得点を算出した。攻撃性については，下位尺度ごとにα係数を算出したところ，$\alpha = .74 \sim .78$と一定の信頼性を有することが示されたため，各項目の加算平均を下位尺度得点とした。自尊心については，10項目のα係数を算出したところ，$\alpha = .84$と高い値が示されたため，10項目の加算平均を「自尊心」得点とした。

（2）変数間の相関係数

　友人関係に対する動機づけ，攻撃性，自尊心の間の相関係数を算出した（Table 3-6）。RAIは，言語的攻撃（$r = .18$，$p < .01$），自尊心（$r = .25$，$p < .001$）と正の相関を示し，短気（$r = -.24$，$p < .001$），敵意（$r = -.29$，$p < .001$）と負の相関を示した。また，攻撃性と自尊心との関連では，言語的攻撃は正の関連を示し（$r = .34$，$p < .001$），短気（$r = -.18$，$p < .01$）と敵意（$r = -.38$，$p < .001$）は負の関連を示した。

（3）友人関係に対する動機づけが攻撃性を介して自尊心に影響するモデルの検証

　尺度得点を用いたパス解析によってモデルを検証した。最初に，動機づけの指標としてRAIを用いた分析を行った。モデルでは，RAIから4つの攻撃性に対するパス，RAIと4つの攻撃性から自尊心に対するパス，4つの攻撃性間の共分散を設定した。パラメータの推定は最尤推定法によって行った。最初の飽和モデルにおいて有意にならなかったパスと共分散を削除し，再度パラメータの推定を行った。最終的な結果をFigure 3-3に示す。適合度に関して，χ^2値は有意ではなく（$\chi^2(3) = 2.32$, n.s.），GFI $= 1.00$，AGFI $= .98$，CFI $= 1.00$，RMSEA $= .00$と十分な値を示した。RAIは，言語的攻撃に対して有意な正の関連（$\beta = .18$，$p < .01$），短気（$\beta = -.24$，$p < .001$）と敵意（$\beta = -.29$，$p < .001$）に対して有意な負の関連を示した。また，身体的攻撃性に対する負のパスは有意傾向であった（$\beta = -.10$，$p < .10$）。自尊心に対しては，言語的攻撃から有意な正のパス（$\beta = .34$，$p < .001$），敵意（$\beta = -.32$，$p < .001$）から有意な負のパスがみられた。短気からの負のパスは有意傾向であった（$\beta = -.11$，$p < .10$）。

　次に，動機づけの下位尺度を用いて，モデルを検証した。4つの動機づけか

▽Table 3-6 変数間の相関係数と記述統計量

	1	2	3	4	5	6	7	8	9	Mean	SD	α係数
1. 外的調整										1.97	0.67	.55
2. 取り入れ的調整	.45***									3.20	0.90	.74
3. 同一化的調整	-.06	.30***								4.14	0.68	.80
4. 内発的動機づけ	-.25***	.11†	.77***							4.43	0.66	.88
5. RAI	-.77***	-.42***	.54***	.75***						5.87	2.77	―
6. 言語的攻撃	-.06	-.24***	.02	.13*	.18**					2.90	0.77	.78
7. 身体的攻撃	.02	-.13*	-.23***	-.16**	-.10†	.33***				2.70	0.81	.75
8. 短気	.22***	.20**	-.08	-.10	-.24***	.18**	.42***			2.84	0.84	.76
9. 敵意	.21***	.21***	-.17**	-.17**	-.29***	-.03	.29***	.43***		3.03	0.72	.74
10. 自尊心	-.18**	-.26***	.03	.14*	.25***	.34***	-.00	-.18**	-.38***	3.13	0.68	.84

†$p<.10$, *$p<.05$, **$p<.01$, ***$p<.001$

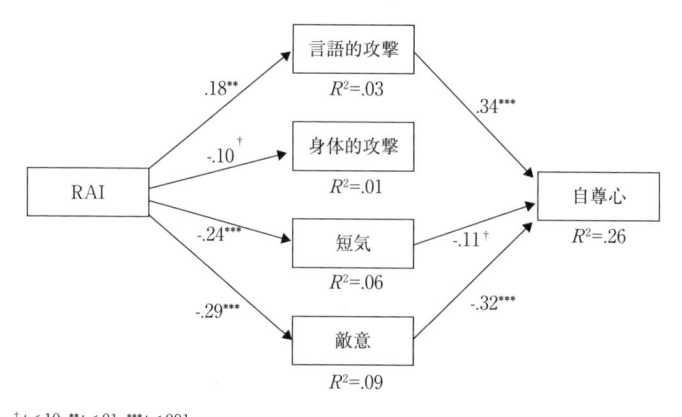

```
                    言語的攻撃
                    R²=.03
         .18**              .34***
    -.10†   身体的攻撃
RAI         R²=.01           自尊心
    -.24***  短気    -.11†   R²=.26
            R²=.06
    -.29***           -.32***
             敵意
             R²=.09
```

†*p*<.10, **p<.01, ***p<.001
注）変数間の共分散は省略する

▶Figure 3-3　動機づけが攻撃性を介して自尊心に影響するモデルのパス解析
　　　結果（RAI を用いたモデル）

ら4つの攻撃性に対するパス，4つの動機づけと4つの攻撃性から自尊心に対するパス，4つの動機づけ間の共分散，4つの攻撃性間の共分散を設定した。パラメータの推定は最尤推定法によって行った。最初の飽和モデルにおいて有意にならなかったパスと共分散を削除し，再度パラメータの推定を行った。最終的な結果を Figure 3-4 に示す。適合度に関して，χ^2 値は有意ではなく（χ^2 (16) = 18.32, *n.s.*），GFI = .99，AGFI = .96，CFI = 1.00，RMSEA = .02 と十分な値を示した。言語的攻撃に対しては，取り入れ的調整から負のパス（$\beta = -.30, p<.001$），内発的動機づけから正のパスがみられた（$\beta = .21, p<.001$）。身体的攻撃に対しては，同一化的調整から負のパスがみられた（$\beta = -.18, p<.01$）。短気に対しては，外的調整（$\beta = .12, p<.05$）と取り入れ的調整（$\beta = .17, p<.01$）から正のパスがみられた。敵意に対しては，取り入れ的調整から正のパス，同一化的調整から負のパスがみられた。自尊心に対しては，言語的攻撃から正のパス（$\beta = .32, p<.001$），敵意から負のパスがみられた（$\beta = -.37, p<.001$）。

4．考察

研究6では，友人関係に対する動機づけと攻撃性との関連について検討した。

第 3 章　友人関係に対する動機づけと友人とのかかわり

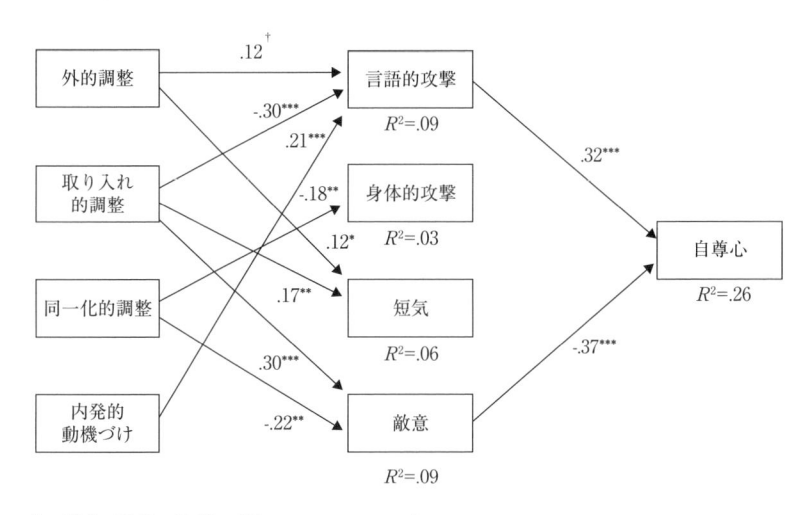

▶Figure 3-4　動機づけが攻撃性を介して自尊心に影響するモデルのパス解析結果（下位尺度を用いたモデル）

$^\dagger p<.10, ^*p<.05, ^{**}p<.01, ^{***}p<.001$
注）変数間の共分散は省略する

　自律的動機づけは短気や敵意，身体的攻撃の低さと関連した。動機づけの下位尺度ごとの関連をみると，取り入れ的調整や外的調整が短気や敵意の高さと関連していた。これらの動機づけは，内面での不安や相手からの働きかけによって友人とかかわるという統制的な動機づけであり，かかわりを強いられている感覚をもちやすいと考えられる。そのため，友人とのかかわりにおいて，敵意や短気といった攻撃的な認知や感情を生じやすいものと推察される。一方で，同一化的調整は敵意の低さや身体的攻撃の低さと関連した。同一化的調整は友人関係の重要性や個人的な価値による動機づけであるため，友人に対して敵意を感じたり，攻撃的に振る舞ったりすることを抑制するものと考えられる。そして，敵意は自尊心と負の関連を示した。ソシオメーター理論（Leary & Baumeister, 2000；Leary et al., 1995）で想定されているように，自尊心が受容と拒絶の指標であることを考えれば，自律的動機づけが敵意を抑制することで，受容的な友人関係の形成・維持に影響するというプロセスを想定することができる。
　予想に反して，自律的動機づけは，言語的攻撃と正の関連を示した。下位尺

度では，内発的動機づけが正の関連を示し，取り入れ的調整が負の関連を示していた。また，自尊心に対しても，言語的攻撃は正の関連を示した。この結果に対する解釈としては，言語的攻撃は，攻撃性の発露としての行動という面だけではなく，友人関係にとって肯定的な意味も有している可能性を考えることができる。本研究で用いた言語的攻撃の尺度項目をみてみると，「友だちの意見に賛成できないときには，はっきり言う」「誰かに不愉快なことをされたら，不愉快だとはっきり言う」など，主張性の概念と類似した内容が含まれている。Buhrmester et al. (1988) は，不快な経験をきちんと主張することは，対人的コンピテンスの重要な一側面であるとし，対人的コンピテンスと社会的自尊心との関連を明らかにしている。友人関係に対して自律的な動機づけをもつものは，友人に対して不満を感じた際には，それを押し込めるのではなく，自分の意見を率直に主張し，そのことによって肯定的な関係を保っているのかもしれない。

第5節　友人関係の形成初期場面における動機づけと親和傾向との関連（研究7）

1．目的

　研究7では，友人関係に対する動機づけと，友人関係の形成初期場面における親和傾向との関連を検討する。実験場面における他者との相互作用については，親和傾向として研究が行われてきた(Kulik & Mahler, 2000)。例えば，Gump & Kulik (1997) は，相互作用の相手に対する注視と笑顔を親和傾向の指標としている。本研究でも同様に，注視と笑顔という2つの行動を親和傾向の指標とする。加えて，本人が主観的に関係の継続を望んでいる程度も親和傾向の指標として測定する。さらに，初対面の他者との相互作用における感情経験が後の関係形成に影響する可能性を考え，相互作用中の感情との関連も併せて検討する。

2．方法

（1）対象者

　大学生40名が実験に参加した。参加依頼は著者の知人を介して行った。学部，学年，性別，部活動などの事前情報をもとに，お互いに未知の同性ペア20組を構成した。質問紙の回答に不備のみられた1組を除き，38名（女性32名，男性6名）を分析対象とした。

（2）手続き

　ペアの2名の参加者が実験室に到着すると，実験者が実験内容を説明した。カバー・ストーリーとして，実験の目的は推論課題の解決プロセスを調べることであると説明した。分析のために実験の様子を備え付けのビデオで録画してもよいかどうかを尋ね，すべての参加者が同意した。まず現在の感情を評定するように求めた。続いて課題の説明を行った。課題は，5人の人物について，いくつかの手掛かり（「髪をたばねていない2人は隣り合っていませんでした」など）をもとに席順を考える推論課題であり，10分間2人で協力して取り組むように告げた。この課題は，参加者が相手との相互作用に慣れるためのアイス・ブレーキングとして導入した。課題に取り組んだ後，実験の意図に気づかれないように，課題に対する興味などの質問項目への回答を求めた。その後，質問紙の結果集計のためと称して実験者は実験室を去り，参加者を実験室に残した（5分間）。その際，しばらく実験室で待つように告げ，何をしていてもよいことを伝えた。この待ち時間中の参加者の行動をビデオによる録画映像を用いてコーディングした。5分後，実験者は実験室に戻って待たせたことを詫び，最後の質問紙に回答してもらった。回答の際，片方の参加者には別の実験室に移動してもらい，2人の参加者は別々の部屋で回答した。質問紙は，①待ち時間中の感情，②関係継続の意欲，③友人関係に対する動機づけ，から構成されていた。質問紙の回答後にデブリーフィングを行い，謝礼（文具）を手渡して実験を終了した。デブリーフィング時に，ペアの相手と初対面であったこと，実験が極端に不快なものではなかったことを確認した。

（3）親和傾向の行動指標

　親和傾向の行動指標として，Gump & Kulik（1997）で用いられた注視と笑

顔を設定した。注視は「相手の顔や身体に対して視線もしくは顔を向ける行動」であり，笑顔は「相手の発言や行動に対して発声を伴わない笑顔で応じる行動」である。この2つについて，2名の評定者が独立にすべての参加者をタイムサンプリング法で評定した。10秒単位で各行動がみられたか否かを評定した。1単位となる10秒中に行動が生起した時間や回数は区別せず，各行動が生起したか否かという点からコーディングを行った。一致率としてカッパ係数を算出したところ，その平均は，注視が.96（$SD = .05$），笑顔が.92（$SD = .05$）であり，高い一致率が確認されたため，片方の評定者の評定を用いた。5分間（300秒）における生起回数を各行動の得点とした。10秒を単位とするため，得点範囲は0から30となる。

（4）質問紙

①感情：Positive and Negative Affect Schedule（PANAS：Watson, Clark, & Tellegen, 1988）の日本語版（佐藤・安田，2001）を用いた。PANAS日本語版は，実験状況での感情状態を測定する尺度であり，ネガティブ感情（NA：「心配した」「いらだった」など8項目）とポジティブ感情（PA：「活気のある」「わくわくした」など8項目）の2下位尺度からなる。相互作用前については，「今のあなたの気持ちについてお尋ねします。次のようなことを，今現在どの程度感じていますか」と教示し，待ち時間中については，「実験者が席を外し，パートナーと2人になったときのあなたの気持ちについてお尋ねします。次のようなことを，どの程度感じましたか」と教示し，「1：まったくあてはまらない」から「6：非常によくあてはまる」の6件法で回答を求めた。

②関係継続の意欲：行動指標に加えて，ペアの相手との関係継続を望む程度を親和傾向の指標とした。尺度項目はCoyne（1976）のWillingness to Engage in Future Interaction Scaleをもとに作成した（「パートナーとゆっくり話をしてみたい」「パートナーとは仲良くなれないと思う（逆転項目）」など8項目）。回答方法は「1：まったくあてはまらない」から「6：非常によくあてはまる」の6件法であった。

③友人関係に対する動機づけ：研究1で作成された「友人関係に対する動機づけ尺度」を用いた。

3. 結果

（1）尺度構成

　PANAS日本語版について，下位尺度ごとのα係数を算出した。相互作用前のNAが.74，PAが.83，待ち時間中のNAが.78，PAが.80と一定の信頼性を有することが示されたため，それぞれ項目の合計得点を算出した。また，関係継続の意欲について，8項目に対して主成分分析を行ったところ，第1主成分の分散説明率は61.13%であり，負荷量の絶対値はすべて.6以上であった。そのため，8項目の合計得点を「関係継続意欲」得点とした（$\alpha=.91$）。

　動機づけについて，下位尺度ごとにα係数を算出したところ，外的調整が.46，取り入れ的調整が.73，同一化的調整が.77，内発的動機づけが.75であった。外的調整は，I-T相関の低い1項目を削除したところ$\alpha=.72$となり，各下位尺度で一定の信頼性が示されたため，それぞれ項目の加算平均を算出した。研究7では，同一化的調整と内発的動機づけの合計を自律的動機づけ，外的調整と取り入れ的調整の合計を統制的動機づけ得点として扱うこととした。この得点化の方法は，動機づけの上位概念を捉える指標としていくつかの研究で用いられている（岡田，2010；Shahar, Henrich, Blatt, Ryan, & Little, 2003）。この得点化の方法と一致して，4下位尺度得点に対して因子分析（主因子法）を行ったところ，固有値1以上の2因子が抽出され，第1因子には内発的動機づけと同一化的調整の負荷が大きく，第2因子には外的調整と取り入れ的調整の負荷量が大きかった。

（2）動機づけと親和傾向との関連

　本研究のデータはペアデータであるため，状態レベルの変数にはペア内の類似性がみられる可能性がある。ペア内の類似性を検討するため，Kenny & La Voie（1985）に従い，注視と笑顔の級内相関係数を求めたところ，いずれも有意であった（注視：$r=.98$, $p<.01$, 笑顔：$r=.92$, $p<.01$）。そのため，Kenny & La Voie（1985）の方法を用いて，ペア内の類似性の効果を統制したうえで個人レベルの相関係数を求めた（Table 3-7）。自律的動機づけは注視と有意な正の相関を示したが（$r=.53$, $p<.05$），笑顔とは有意な相関を示さなかった（$r=-.24$, $n.s.$）。統制的動機づけは注視，笑顔のいずれとも有意な相関を示さ

▶Table 3-7　動機づけと親和傾向，感情との相関係数

	親和傾向			感情			
				相互作用前		待ち時間中	
	注視	笑顔	関係継続意欲	NA	PA	NA	PA
自律的動機づけ	.53*	-.24	.45**	-.01	.05	-.20	-.08
統制的動機づけ	.23	.30	-.18	.56***	.06	.22	.20

*$p<.05$, **$p<.01$, ***$p<.001$

なかった（$r=.23, .30, n.s.$）。

　関係継続意欲の級内相関係数は有意ではなく，非常に小さい値であったため（$r=.07, n.s.$），個人を単位として相関係数を算出した（Table 3-7）。仮説と合致し，自律的動機づけは有意な正の相関を示したが（$r=.45, p<.01$），統制的動機づけは有意な相関を示さなかった（$r=-.18, n.s.$）。また，待ち時間中のNAが関係継続意欲と負の相関を示したため（$r=-.31, p<.10$），階層的重回帰分析によって待ち時間中の感情の効果を統制したうえで動機づけの効果を検討した。関係継続意欲に対して，ステップ1で待ち時間中のNAとPAを投入したところ，説明率は有意ではなかったが（$R^2=.11, n.s.$），NAが有意な関連を示した（$\beta=-.33, p<.05$）。ステップ2で自律的動機づけと統制的動機づけを投入したところ，説明率の増分が有意であり（$\Delta R^2=.18, p<.05$），自律的動機づけが有意な関連を示し（$\beta=.44, p<.01$），待ち時間中のNAの関連は有意ではなくなった（$\beta=-.22, n.s.$）。

（3）動機づけと感情との関連

　動機づけとPANAS日本語版との相関係数を算出した（Table 3-7）。相互作用前について，自律的動機づけはNA，PAのいずれとも有意な相関を示さなかった（$r=-.01, .05, n.s.$）。統制的動機づけはNAと有意な正の相関を示したが（$r=.56, p<.001$），PAとは有意な相関を示さなかった（$r=.06, n.s.$）。待ち時間中について，自律的動機づけはNA（$r=-.20, n.s.$），PA（$r=-.08, n.s.$）のいずれとも有意な相関を示さず，統制的動機づけもNA（$r=.22, n.s.$），PA（$r=.20, n.s.$）のいずれとも有意な相関を示さなかった。

4．考察

　研究7では，友人関係初期の疑似的状況として実験室での相互作用場面を設定し，動機づけと親和傾向，感情との関連を検討した。自律的動機づけは相手に対する注視および関係継続の意欲と関連した。親和傾向の指標として用いた注視は，相手に対する興味を反映するものと考えられる。そのため，興味や重要性によって友人とかかわろうとする動機づけが高い者は，未知の他者と相互作用を行う場面でも，相手に対する興味を示し，さらにかかわりをもちたいと望む傾向があると考えられる。この結果は，友人関係の初期において自律的動機づけが相手に対する親和傾向を促すことを示唆するものである。しかし，自律的動機づけと笑顔との関連はみられなかった。これについては，本研究での笑顔に複数の異なるタイプの笑顔が含まれていた可能性がある。Heerey & Kring（2007）は，喜びを伴う笑顔（pleasant smile）と愛想笑い（polite smile）とを区別し，愛想笑いは社会不安の高い者に多くみられることを示している。本研究での笑顔にも，親和傾向を示す笑顔だけでなく，愛想笑いに相当するものが含まれていたために，自律的動機づけとの関連が見出されなかったと考えられる。

　感情との関連について，自律的動機づけと統制的動機づけのいずれも待ち時間中の感情とは有意な相関を示さなかった。この理由としては，測定した感情に相互作用以外の要因から生じる感情が含まれていたことが考えられる。待ち時間中の感情を測定する際の教示として，「パートナーと2人になったときの気持ち」を尋ねた。この教示が指す感情には，相互作用に対する感情に加えて，実験室で待たされることや課題に対する感情が含まれていた可能性があり，感情の対象を特定しなかったために，動機づけと感情との関連が見出せなかったと考えられる。一方，統制的動機づけと相互作用前のネガティブ感情との間に関連がみられた。相互作用前の感情については「今の気持ち」を尋ねたため，実験に参加することに対する感情や未知の他者と相互作用を行うことに対する感情などが含まれていたと思われる。統制的動機づけの高い者は不安や他者からの働きかけによって統制されている感覚をもつため，未知の他者と相互作用を行うことに焦点をあてやすく，相手と関わらなければいけないという感覚を

生じたり，相手からの評価を懸念して不安が高まることで，ネガティブ感情を感じやすかったのであると考えられる。

研究7の結果は，友人関係の初期においても自律的動機づけが重要な役割を果たしている可能性を示唆するものである。これまでの研究で，関係初期の相互作用が重要であることが示されているが（Berg, 1984；山中, 1994），自律的動機づけは，友人となり得る面識の浅い他者に対する親和傾向を高めることで，関係の初期からすでに友人関係の形成に影響力をもっていると考えられる。

第6節　友人とのかかわりにおける動機づけの役割（第3章のまとめ）

1．第3章の知見

第3章では，友人関係に対する動機づけが友人とのかかわりに及ぼす影響について検討した。友人関係の肯定的な側面として，研究4では向社会的行動を取り上げ，親密な友人関係の指標として友人関係に対する充実感との関連から検討した。研究5では自己開示を取り上げ，学校適応との関連を含めて検討した。また，研究6では，友人関係の否定的な側面として攻撃性を取り上げ，自尊心との関連を含めて検討した。研究7では，友人関係の形成初期場面の擬似的状況として，初対面の他者との相互作用場面を設定し，そこでの親和傾向と動機づけとの関連を検討した。

研究4では，大学生を対象に，友人関係に対する動機づけが向社会的行動を介して友人関係に対する充実感を高めるプロセスを検討した。自律的動機づけは，向社会的行動を介して友人関係に対する充実感と関連していた。また，下位尺度については，同一化的調整が関連していた。この結果から，自律的動機づけが高い者は，友人に対して援助的に働きかけることで，親密な関係を築いていることが示唆される。向社会的行動は，友人関係がもつ特徴の1つとされており，親密な友人関係を築くうえでは欠かすことができない行動である。友人に対して興味や重要性を感じて積極的に働きかける傾向がある者は，必要に応じて友人を援助することで，関係を親密なものにしていくのであろう。

研究5では，中学生を対象として，友人関係に対する自律的動機づけが自己開示を介して学校適応を高めるプロセスを検討した。その結果，RAIを指標とした場合には，自律的動機づけは日常会話などの表面的な自己開示を促していたが，表面的開示は学校適応と関連していなかった。動機づけの下位尺度については，外的調整と同一化的調整が内面的な自己開示を高め，その結果として学校適応が高まっていた。内発的動機づけは，表面的な自己開示を高めていたが，学校適応に対しては直接効果のみがみられた。自己開示は友人関係の親密化において重要な役割を果たすものであるとされており（Taylor, 1979），また適応との関連が繰り返し指摘されてきた行動的側面である。友人関係に個人的な価値観を見出すことで付き合っている者は，自身の内面的なことに関しても友人に打ち明けることができる。また，友人に対する興味や楽しさから動機づけられることで，日常会話のような内容を多く開示し，関係を楽しもうとしていることが考えられる。そして，これらの様々なレベルでの自己開示を通して，適応を支える親密な友人関係が形成，維持されていくものと考えられる。

研究6では，大学生を対象に，友人関係に対する自律的動機づけが攻撃性を介して自尊心に影響するプロセスを検討した。その結果，自律的動機づけは短気や敵意，身体的攻撃の低さと関連を示した。動機づけの下位尺度については，取り入れ的調整や外的調整が短気や敵意の高さと関連し，同一化的調整が身体的攻撃や敵意の低さと関連していた。ソシオメーター理論では，自尊心が他者からの受容と拒絶を示すメーターとして機能していることを仮定しているが，第3章の研究で敵意は自尊心と負の関連を示した。これらのことを考えると，不安や他者からの働きかけのような統制的な動機づけは，攻撃的な行動や認知を高めることで，友人関係の形成を阻害する可能性が考えられる。一方で，同一化的調整のように，友人関係に対する積極的な価値づけが動機づけとなっている場合には，攻撃的に振る舞ったり，他者の行動を敵意的に認知することは少なく，良好な関係を築きやすいと考えられる。

研究4から研究6までの知見は，友人関係に対する自律的動機づけが友人との肯定的なかかわりを促し，また否定的なかかわりを抑制することで，親密な友人関係が形成，維持されるというモデルを支持するものである。自律的な動機づけが高い者は，友人に対して援助的に働きかけたり，自己に関する情報を

打ち明けることで積極的に友人とかかわり，親密な関係を築いているのであると考えられる。特に，同一化的調整は，向社会的行動や内面的な自己開示を促し，敵意や身体的攻撃を抑制していた。友人関係に対して積極的な価値を見出していることが，親密な関係の形成や維持にとって重要であるといえるだろう。

また，別の視点として，友人関係に対する動機づけは，友人関係の形成初期場面においても重要な役割を果たしている可能性がある。研究7では，初対面の他者との相互作用場面において，自律的動機づけは親和傾向を促していた。関係形成のきわめて初期の段階からすでに，動機づけは影響力をもっていると考えられる。

2．第3章に関連するその他の研究知見

第3章では，主に友人とのかかわりに対して，自律的動機づけがどのように関連するかを検討した。以下に，第3章で扱った以外の変数について，友人関係に対する動機づけと友人とのかかわりとの関連を扱った研究を紹介する。

Richard & Schneider（2005）は，5年生から7年生を対象に，友人関係に対する動機づけと社会的目標，級友からの好意，孤独感との関連を調べている。社会的目標に関しては，関係維持目標，コントロール目標，復讐目標の3つが扱われた。このなかで，内発的動機づけと同一化的調整は関係維持目標と正の相関を示し，外的調整はコントロール目標，復讐目標と正の相関を示した。また，RAIを用いた分析として，自律的動機づけが高いほど，級友からの好意評定が高く，孤独感が低くなっていた。

Ojanen, Sijtsema, Hawley, & Little（2010）は，6年生から7年生を対象とした1年間の縦断調査で，友人関係に対する動機づけが関係形成に及ぼす影響を調べている。動機づけの指標としては，内発的動機づけと外発的動機づけの2つが用いられた。その結果，外発的動機づけが高い生徒ほど，友人選択の数が多くなっていた。しかし，親密さや好ましさで定義される半年後の友人関係の質に対しては，外発的動機づけは負の影響を示し，内発的動機づけは正の影響を示していた。また，中山（2012）は，大学初年次のグループ・ワークを用いた授業において，グループのメンバーとの関係に対する動機づけが対人適応に及ぼす影響を検討している。その結果，入学時の内発的動機づけが，前期末

の対人適応の高さを予測することが明らかにされた。これらの研究から，外発的動機づけの高い者は，友人を多く求めるものの，必ずしもそれは親密な関係の形成にはつながらず，内発的動機づけによるかかわりによって親密な関係が形成されていくことが示唆される。

また，葛藤場面における方略との関連を検討した研究もある。譚・今野・渡邉（2009）は，中国人留学生を対象に，友人関係に対する動機づけと対人葛藤解決方略との関連を調べ，内発的動機づけや同一化的調整は交渉・宥和方略や回避方略と関連し，取り入れ的調整や外的調整は攻撃方略や服従方略と関連することを報告している。他にも，岡田・岡野・酒見（2008）は，友人関係に対する動機づけと諍い場面における方略産出との関連を自由記述データをもとに検討している。全般的に関係の程度はかなり小さかったものの，取り入れ的調整が高い者は，適切な方略として謝罪を産出する割合が低く，また全体的に方略産出数が少ない傾向にあった。他にも，Hawley, Little, & Pasupathi（2002）は，小学生を対象とした調査から，向社会的な方略を使う児童は友人関係に対する内発的動機づけが高く，強制的な方略を使う児童は外発的動機づけが高いことを報告している。

3．残された課題と第3章の問題点

第3章の問題点は次の3つである。1つ目は，向社会的行動，自己開示，攻撃性のいずれも自己報告式のデータに基づいていることである。そのため，対象者の回答によるバイアスが生じている可能性は否定できない。例えば，向社会的行動については，ゲス・フー・テストによる他者評定を用いた研究もあり（Barry & Wentzel, 2006；Wentzel & Erdley, 1993），自己開示についても同様の方法を採ることが可能であろう。また，実験場面や教室場面などで向社会的行動や自己開示あるいは攻撃的な行動の生起頻度を観察によって測定し，自律的動機づけとの関連を検討するという方法も考えられる。研究7では，親和傾向として注視と笑顔という行動指標との関連を検討した。しかし，研究7は初対面の他者との相互作用場面を対象としたこともあり，注視と笑顔というミクロな行動しか検討できていない。友人関係に対する動機づけと実際の行動との関連をさらに検討していく必要がある。

2つ目は，第3章の研究の多くの部分が一時点のデータに基づいていることである。本書で想定しているモデルでは，友人関係に対する動機づけが友人とのかかわりを促すことで，親密な関係が形成，維持される因果的なプロセスを想定している。このような因果関係に言及し，関係の形成プロセスを明らかにするためには，時間的な前後関係を加えた時系列的なデータを収集することが不可欠である。

　3つ目は，発達差を考慮していないことである。第3章で対象とした向社会的行動，自己開示，攻撃性，親和傾向は，中学生から大学生にわたって友人関係の形成や維持にかかわる重要な側面ではあるものの，年齢段階によってそれぞれの行動の生起頻度，あるいは自律的動機づけとの関連についていくらかの差がみられる可能性は否定できない。本研究で対象としなかった年齢段階においても同様の知見が得られるかどうかを確認することは今後の課題である。

Summary

　第3章では，モチベーションと友人とのかかわりとの関連を調べた研究をみてきました。研究の結果からわかったことを，以下の3点にしぼってみてみましょう。

　1つ目に，自律的なモチベーションは，友人とのかかわりを促す働きをもっていました。第2節（研究4）と第3節（研究5）では，自律的なモチベーションが高い人ほど，友人に対する向社会的行動や自己開示が多くなっていました。特に，同一化的調整が高い人は，日ごろから友人に対して援助的にかかわり，自分が悩んでいることについて友人に話す傾向がありました。また，第4節（研究6）の結果をみると，同一化的調整が高い人は，攻撃的に振る舞ったり，「あいつムカつく」と敵意をもつことも少ないようです。一方，第3節（研究5）では，内発的動機づけが高い人ほど，自分の興味のあることをたくさん友人に話していました。第4節（研究6）では，内発的動機づけは言語的攻撃と関連していましたが，言語的攻撃は自分のことを主張するという行動を示しているようです。つまり，内発的なモチベーションで友人とかかわっている人は，意見の対立が生じたときに，きちんと自分の意見を述べているということです。総じてみると，友人とのかかわりを促すのは，「友だちは自分にとって大切だから」「友人といるのが楽しいから」といった自律的なモチベーションだといえそうです。

　2つ目に，友人関係に対するモチベーションは，初対面場面でも重要な働きをしていました。第5節（研究7）では，初対面の大学生を2人きりにしてみました。すると，自律的なモチベーションが高い人ほど相手に対して目を向けることが多いという結果でした。初対面の相手に目を向けるのは興味を示していることの表れですので，相手に対して興味をもちやすいということを示しています。実験の最後に尋ねた質問でも，自律的なモチベーションの高い人は，「相手ともう少し話してみたい」と答えていました。友人になる可能性がある他者との初対面の場面からすでに，モチベーションの働きが重要になってくるようです。

　3つ目に，友人とのかかわりは適応や精神的健康と関連していました。第3節（研究5）では自己開示が多いほど学校享受感が高く，第4節（研究6）では敵意が低いほど自尊心が高くなっていました。これらのことから，友人と適切なかかわりが多いほど，毎日の生活を適応的に過ごしているといえそうです。第1章のモデルで示したように，自律的なモチベーションから友人とかかわることによって，適応や精神的健康を支える親密な関係を築くことができるのだといえるでしょう。

　最初の例で声をかけてきた学生は，結局どういう気持ちだったのでしょうか。例なので正解はないのですが，第3章の結果を踏まえると，「あなたと話してみたいから」といった，自律的なモチベーションがあったのではないかと思います。

コラム 2

友だち不信社会—「となりのウワサ」が怖い
山脇由貴子　2010年　PHP新書

　インターネットの普及に伴って，ある面では対人関係のあり方が変化してきました。この書籍は，現代における「ウワサ」について，その背景にある心理状態や対応策を論じたものです。携帯電話によるEメールや裏サイトなどのインターネットの普及が，ウワサの広まり方や影響力を大きく変えました。書籍中では，学校でのいじめの事例と企業での社内恋愛の事例を挙げ，それらの事例をもとにウワサが広まっていくプロセスが説明されています。

　書籍のタイトルにある「友だち不信社会」という表現は，「携帯電話でひんぱんにメールのやりとりをするようになったことで，逆に友人が信じられなくなっている」(p.176)という状況を端的に表しています。コミュニケーションが頻繁であるからこそ，自分の知らないところでウワサが流されているかもしれない，自分の悪口をいわれているかもしれないという不安を感じてしまうということです。著者は，携帯電話の普及が友人関係を希薄なものにしたとしています。

　この書籍では，ウワサの媒体となっている携帯電話を手放せない理由の1つとして，「メールにはすぐに返信し，かかってきた電話にすぐに出ないと，友だちから取り残されるかもしれないと不安になるから」(p.179)ということを挙げています。この点には，友人関係に対するモチベーションのあり方をみてとることができます。メールや電話でのコミュニケーションも，友人とのかかわりの1つです。しかし，そのかかわりの背景にあるのは，友人とのコミュニケーションを楽しみたいという内発的なモチベーションではなく，「仲間外れになると困る」や「いじめの対象にされたくない」というような不安に駆り立てられたモチベーションです。本書でいう取り入れ的調整にあたります。携帯電話が普及したことによって，友人関係に対するモチベーションの側面では，取り入れ的調整が高まっているのかもしれません。本書の第3章では，取り入れ的調整の高い人は言語的な攻撃を行わない傾向がみられましたが，このこともウワサの怖さを考えればよく理解できます。言語的な攻撃は，仲間内で不満を感じたときにそれを相手に伝えるというような行動でしたが，このような行動はウワサの種になりかねません。特に，「仲間外れになると困る」という不安がモチベーションとなっている人にとっては，非常にリスキーな行動に感じられるでしょう。

　この書籍が述べるように，友だちに対する不信が社会に蔓延しているのなら，自律的なモチベーションで友人とかかわるのは難しいかもしれません。メディア機器の発達が友人関係にどのような影響を及ぼしているかは，よく考えていくべき問題です。

第 **4** 章

友人関係に対する動機づけと学習活動
―― 友人とかかわるモチベーションは学習活動を促すか？

　「出された宿題をするべきか，友だちと遊びに行くべきか」という選択で悩んだことはありませんか。ハムレットでなくても，人はよく選択に迷います。特に，小学生や中高生にとって，勉強するか友だちと遊ぶかを選ぶのは悩ましい問題かもしれません。第3章でみたように，自律的なモチベーションは人が親密な友人関係を築いていくうえで重要な働きをしています。興味や重要性が友人とかかわるモチベーションになっている人は，オープンに自分のことを話したり，あるいは失敗した友人を励ましたりして，自分から積極的にかかわろうとしているようです。そうすると，自律的なモチベーションが高い人は，友だちとの付き合いに忙しくて勉強はしないのでしょうか。「うちの子は友だちと遊んでばかりでぜんぜん勉強しないのよ」と愚痴をこぼしている保護者の様子も思い浮かびます。

　その一方で，授業でわからなかったところを友だちに尋ねてすっきりと理解できたという経験はないでしょうか。あるいは，勉強にやる気がでないときでも，友人に支えられてがんばることができたというエピソードも思い浮かぶかもしれません。そういった場合にも，見方によっては友人関係に対するモチベーションが働いていると考えることができます。1人で勉強するよりは友だちと一緒に勉強した方が楽しいと考えて積極的にかかわっていこうとする生徒は，おそらく友人関係に対する自律的なモチベーションが高いはずです。

　第4章では，友人関係に対するモチベーションが学習面でどのような働きをしているかに関する研究をみていきます。自律的なモチベーションが高い人は，友だちと遊んでばかりで勉強しないのでしょうか。それとも，友だちとのかかわりのなかで協同的に学習を進めているのでしょうか。このような疑問について，友人との学習活動という観点から考えていきたいと思います。

第1節　学習と友人関係との関連についての研究知見および第4章の目的

1．学習と友人関係との関連についての研究知見

　これまで多くの研究で友人関係と学習との関連が指摘されてきた（Ladd, Herald-Brown, & Kochel, 2009；Ryan, 2000；Wentzel, 2005）。全般的には，肯定的な友人関係をもつ生徒ほど，学習に対する意欲や学業達成が高いことが示されており，友人関係が学習に対して促進的な働きをすることが考えられる。では，友人関係に対する動機づけは，学習場面においてどのような働きをしているのだろうか。

　友人関係と学習との関連については，友人とともに行う学習活動という点から考えることができる。Ryan（2000）は，生徒の友人関係や仲間関係が，相互の情報交換やモデリングなどを通して，学習に対する積極的な取り組みや意欲に影響するとしている。良好な友人関係を基盤として，生徒は友人との間で学習に関する相互作用を行い，その経験によって学習に対する意欲や学業達成が促進されていると考えられる。そのため，友人関係が学習意欲や学業達成に及ぼす影響を考えるためには，友人との学習活動に注目することが必要である。

　友人との学習活動については，これまでいくつかの立場から研究が行われてきた。その1つに学業的援助要請（academic help-seeking）に関する研究がある（Newman, 1990）。学業的援助要請は，学業的な困難に直面した際他者に援助を求めることであり，自己調整学習方略の1つである（Zimmerman & Martinez-Pons, 1988）。必要に応じて適切な援助要請を行うことは，学習課題の解決にとって不可欠な側面であるとして注目されてきた。学業的援助要請に関する研究では，児童や生徒にとって友人が重要な援助要請の対象となることが示されている（Karabenick, 2003；Newman, 2002）。また，協同学習やピア・ラーニングに関する研究では，学習課題に友人や仲間と協同的に取り組むことや，友人に援助を提供することなどが，学業達成や学習への肯定的な態度といった学習成果を導くことが明らかにされている（Rohrbeck et al., 2003；Slavin et al., 2003；Webb et al., 2006）。

このように援助要請や援助提供あるいは協同学習などの面から友人との学習活動についての研究が行われてきた。そのなかで，友人との学習活動が学習意欲や学業達成にとって促進的な効果をもち得ることが示されてきた。友人との学習活動は，友人に対する積極的な働きかけであるという点で，学習場面での友人とのかかわりとしてみることができる。そのように捉えた場合，次の2つのことが予想される。1つ目は，友人との学習活動は，親密な関係の形成や維持に影響することである。学習に関する課題や出来事をきっかけとして友人とかかわる機会をもち，お互いに助け合ったり，協同的に問題を解決していくなかで，友人との関係が親密なものになっていくことが考えられる。実際，友人との協同的な学習が，友人関係の親密化や仲間に対する好意的な態度の形成などの効果をもつことが報告されている（出口，2001；Ginsburg-Block, Rohrbeck, & Fantuzzo, 2006；Johnson & Ahlgren, 1976；Roseth, Johnson, & Johnson, 2008；Slavin et al., 2003）。

　2つ目は，友人との学習活動には，友人関係に対する動機づけが影響することである。第3章では，友人関係に対する自律的動機づけが向社会的行動や自己開示を促すことが示された。自律的動機づけが友人に対する積極的な働きかけを促すのは，学習場面においても同様であると考えられる。Anderman (1999) によると，学習面での行動は学習に対する目標や動機づけのみによって規定されているわけではないため，友人関係や仲間関係など社会的な側面での動機づけを同時に考慮することが必要であるとされている。友人関係に対する自律的動機づけが高い生徒は，学習場面においても1人で課題を解決しようとするよりも，友人との協同的なかかわりのなかで課題を解決することを好むことが予想される。特に，学習活動が生じる場面を授業時間以外も含めて幅広く捉えた場合，動機づけの役割が重要なものとなる。授業中とは異なり，休み時間や放課後においては，学習を行うことが必ずしも強く求められているわけではない。そのような状況で，自ら友人と学習活動を行おうとするためには，友人と積極的にかかわろうという自律的動機づけが影響していると考えられる。

　以上のことから，友人関係に対する自律的動機づけは，友人との学習活動を促し，その結果として学習意欲や学業達成などの学習成果を高めていることが考えられる。同時に，学習をきっかけとして友人に働きかけることで，親密な

関係を形成していくことが予想される。

2．第4章の目的

　第4章では，友人関係に対する動機づけが学習場面でどのような働きをするかを検討する。まず，友人関係に対する動機づけと友人との学習活動との関連について検討する。研究8では，友人との学習活動としてこれまで比較的多くの研究が行われてきた学業的援助要請を取り上げる。学業的援助要請に友人とのかかわりという側面が含まれていることを考えれば，自律的動機づけは学業的援助要請を促す働きをもつことが予想される。一方で，友人との学習活動は，単に自ら援助を求めることにとどまらず，より多様なかたちが存在すると考えられる。そこで，研究9では，自由記述によってどのような学習活動が存在するのかを探索的に検討し，友人関係に対する動機づけとの関連を検討する。なお，いずれの研究においても，友人との学習活動によって生じる結果的側面として，友人関係に対する充実感と学習に対する充実感を取り上げる。

第2節　友人関係に対する動機づけと学業的援助要請との関連（研究8）

1．目的

　研究8では，友人関係に対する自律的動機づけが学業的援助要請を介して学習に対する充実感と友人関係に対する充実感を高めるプロセスを検討する。なお，ここではクラスや学級という構造上の特徴から，大学生に比して友人間で学習関連の相互作用が多く生じていると考えられる高校生を対象とする。

2．方法

（1）対象者

　公立の普通科高校の1～3年生670名に回答を依頼した。そのうち，欠損値のみられなかった604名（男子236名，女子368名）を分析対象とした。

（2）実施時期

2004年12月〜2005年1月に実施した。

（3）質問紙

①友人関係に対する動機づけ：研究1で作成された「友人関係に対する動機づけ尺度」16項目を用いた。項目表現については，協力校の教諭と協議し，若干の修正を行った。

②学業的援助要請：野﨑（2003）の「学業的援助要請尺度」を参考に，友人に対する援助要請の生起頻度を測定する5項目を作成した。回答方法は，「1：ほとんどしない」から「5：いつもする」の5件法であった。

③友人関係に対する充実感：研究4で使用した「友人関係における充実感尺度」4項目を用いた。回答方法は，「1：あてはまらない」から「5：あてはまる」の5件法であった。

④学習に対する充実感：③の友人関係に対する充実感の項目を参考に4項目を作成した。回答方法は，「1：あてはまらない」から「5：あてはまる」の5件法であった。

⑤学業成績：「自分の学業成績を5段階で表すとしたら，いくつになると思いますか」という教示のもとに，成績に対する自己評価を5段階評定で求めた。

（4）手続き

授業時間やホームルームの時間を利用して，担当の高校教諭によって依頼をしてもらい，一斉に実施した。

3．結果

（1）尺度構成

高校生における友人関係に対する動機づけ尺度の妥当性を検討するために，確認的因子分析を行った。先行研究に従い（Hayamizu, 1997；Ryan & Connell, 1989），概念的に隣り合う因子間（外的調整と取り入れ的調整，取り入れ的調整と同一化的調整，同一化的調整と内発的動機づけ）およびもっとも隔たった因子間（外的調整と内発的動機づけ）には共分散を仮定した。その結果，χ^2値は有意であったものの（$\chi^2(100) = 653.33$, $p < .001$），GFI = .89，AGFI = .86，CFI = .86と一定の適合度を示し，下位尺度ごとの α 係数も .63〜.82と一定の

▶Table 4-1　友人関係に対する動機づけ尺度の確認的因子分析の結果

項目	F1	F2	F3	F4	Mean	SD
外的調整						
親しくしていないと，友人ががっかりするから	.62				2.04	1.07
一緒にいないと，友人が怒るから	.62				1.63	0.91
友人関係を作っておくように，まわりから言われるから	.56				1.71	0.98
むこうから話しかけてくるから	.49				2.71	1.09
取り入れ的調整						
友人がいないと不安だから		.63			3.61	1.18
友人がいないと，後で困るから		.61			3.17	1.32
友人とは親しくしておくべきだから		.60			3.29	1.26
友人がいないのは，恥ずかしいことだから		.58			2.51	1.27
同一化的調整						
一緒に時間を過ごすのは，重要なことだから			.78		3.94	1.09
友人といることで，幸せになれるから			.75		3.91	1.09
友人関係は，自分にとって意味のあるものだから			.74		4.14	1.00
友人のことをよく知るのは，価値のあることだから			.60		3.46	1.17
内発的動機づけ						
一緒にいると，楽しい時間が多いから				.82	4.45	0.91
話をするのがおもしろいから				.76	4.48	0.89
一緒にいるのは楽しいから				.67	4.64	0.80
親しくなるのは，うれしいことだから				.67	4.31	0.99

信頼性を有することが示されたため，各4項目の加算平均を下位尺度得点とした。各項目の因子負荷量と平均値，SD を Table 4-1 に示す。また，動機づけの下位尺度に重みづけをし，RAI を算出した。次に，動機づけの下位尺度間の相関係数と記述統計量を算出した（Table 4-2）。その結果，概念的に隣り合う動機づけ間には正の相関，隔たるにつれて相関が弱くなるもしくは負の相関になるという相関パターンがみられた。この結果は友人関係に対する動機づけ尺度の妥当性を支持するものである。また，男女差について検討するために，動機づけの下位尺度に対して Hotelling の T^2 検定を行った。その結果，T^2 値は有意であり（$T^2=.02$, $F(4, 599)=3.16$, $p<.05$），同一化的調整（$d=.24$, $t(602)=2.89$, $p<.01$）と内発的動機づけ（$d=.23$, $t(602)=2.88$, $p<.01$）において男子よりも女子の方が高い値を示した。RAI についても，男子よりも女子の方が高かった（$d=.27$, $t(602)=3.23$, $p<.01$）。男女ごとの平均値と SD を Table 4-3 に示す。

　学業的援助要請5項目に対して主成分分析を行った。その結果，第1主成分

△Table 4-2 変数間の相関係数と記述統計量

	1	2	3	4	5	6	7	8	9	Mean	SD	α係数
1. 性別（男性＝0，女性＝1）										-	-	-
2. 外的調整	-.06									2.02	0.69	.63
3. 取り入れ的調整	-.02	.39***								3.16	0.90	.68
4. 同一化的調整	.12**	-.08	.41***							3.87	0.89	.83
5. 内発的動機づけ	.12**	-.20***	.28***	.74***						4.47	0.73	.83
6. RAI	.13**	-.73***	-.24***	.60***	.75***					5.62	2.86	-
7. 学業的援助要請	-.02	-.01	.14**	.27***	.24***	.17***				3.35	0.97	.85
8. 友人充実感	.01	-.13**	.17***	.60***	.62***	.51***	.29***			3.85	0.89	.88
9. 学習充実感	-.04	.11	.04	.16**	.12**	.05	.15***	.24***		2.44	0.88	.83
10. 学業成績	.05	.06	-.00	.04	.06	.01	.05	.16***	.42***	2.84	0.91	-

**p<.01, ***p<.001

▶Table 4-3　友人関係に対する動機づけの性差

	男性		女性		t 値	効果量 (d)
	Mean	SD	Mean	SD		
外的調整	2.07	0.69	1.98	0.69	1.46	.13
取り入れ的調整	3.18	0.87	3.14	0.93	0.44	.04
同一化的調整	3.74	0.88	3.95	0.88	2.89**	.24
内発的動機づけ	4.37	0.75	4.54	0.71	2.88**	.23
RAI	5.16	2.69	5.92	2.93	3.23**	.27

**$p<.01$

▶Table 4-4　学業的援助要請尺度の主成分分析結果

項目	F1	Mean	SD
授業の内容がわからないとき，友人に尋ねる	.82	3.52	1.22
わからない問題に出会ったときには友人に質問する	.81	3.68	1.16
宿題でわからないところがあったとき，友人に教えてもらう	.79	3.33	1.27
わからない問題に出会ったとき，友人にその問題の答えやヒントを教えてもらう	.79	3.45	1.25
よくわからない勉強の内容について詳しく説明してくれるように友人に頼む	.75	2.76	1.23

の説明率は62.62％であり，すべての項目が.75以上の負荷量を示したため，5項目の加算平均を「学業的援助要請」得点とした。5項目でのα係数は.85であった。主成分分析の結果を Table 4-4に示す。

　友人関係に対する充実感に関して，4項目のα係数を算出したところ.88と高い値を示したため，4項目の加算平均を「友人充実感」得点とした。学習に対する充実感についても，4項目のα係数を算出したところ.83と高い値を示したため，4項目の加算平均を「学習充実感」得点とした。

（2）変数間の相関係数

　性別（男性＝0，女性＝1），友人関係に対する動機づけ，学業的援助要請，友人充実感，学習充実感，学業成績の間の相関係数を算出した（Table 4-2）。RAIは，学業的援助要請（$r=.17$, $p<.001$），友人充実感（$r=.51$, $p<.001$）との間に正の相関を示した。また，動機づけの下位尺度については，同一化的調整と内発的動機づけが，学業的援助要請（$r=.27, .24$, $p<.001$）と友人充実感（$r=.60, .62$, $p<.001$），学習充実感（$r=.16, .12$, $p<.01$）のいずれとも正の相関があった。学業的援助要請は，友人充実感（$r=.29$, $p<.001$），学習充実感（$r=.15$, $p<.001$）との間に正の相関を示した。

（3）自律的動機づけが学業的援助要請を介して充実感に影響するモデルの検証

　本研究では，友人関係に対する動機づけ→学業的援助要請→充実感のモデルに関して，構造方程式モデリングを用いて検討した。友人関係に対する動機づけは学業的援助要請に影響し，学業的援助要請は友人充実感と学習充実感に影響すると考えられる。また，友人関係に対する動機づけは学業的援助要請以外の変数を介しても友人充実感に影響することが考えられるため，友人関係に対する動機づけから友人充実感に対する直接のパスを加えた。さらに，学習充実感に対する学業成績の影響を統制するために，学業成績から学習充実感に対するパスを加えた。なお，友人関係に対する動機づけの指標は，項目レベルでRAIを作成し，それらを観測変数とする方法を用いた（Levesque et al., 2004）。4つのRAI得点のα係数は.82であった。

　仮説モデルについて，構造方程式モデリングによる分析を行った。パス係数の推定には最尤推定法を用いた。結果をFigure 4-1に示す。想定したパスはすべて0.1％で有意であった。適合度に関して，χ^2値は有意であったものの（$\chi^2(131) = 384.90, p < .001$），GFI = .93，AGFI = .91，CFI = .95，RMSEA = .06と一定の値を示した。また，男女間でのモデルの等質性について検討した。まず，潜在変数から測定変数へのパスに等値制約を置いたモデル（モデル2）とまったく制約を置かないモデル（モデル1）とを比較した。その結果，χ^2値の差は有意ではなかった（$\Delta\chi^2(13) = 23.55, n.s.$）。次に，潜在変数間のパスを含めてすべてのパスに等値制約を置いたモデル（モデル3）とモデル2とを比較したが，ここでもχ^2値の差は有意ではなかった（$\Delta\chi^2(5) = 1.73, n.s.$）。以上の結果から，男女間でモデルに差はないといえる。

4．考察

　研究8では，友人関係に対する動機づけが学業的援助要請を介して学習および友人関係に対する充実感に影響するモデルについて検討した。その結果，自律的動機づけは学業的援助要請を促し，学業的援助要請の多さは学習に対する充実感と友人関係に対する充実感を高めていることが示された。

　この結果は，友人関係に対して自律的な動機づけが高い生徒は，学習場面においても友人とのかかわりの中で問題を解決しようとする傾向があり，そのよ

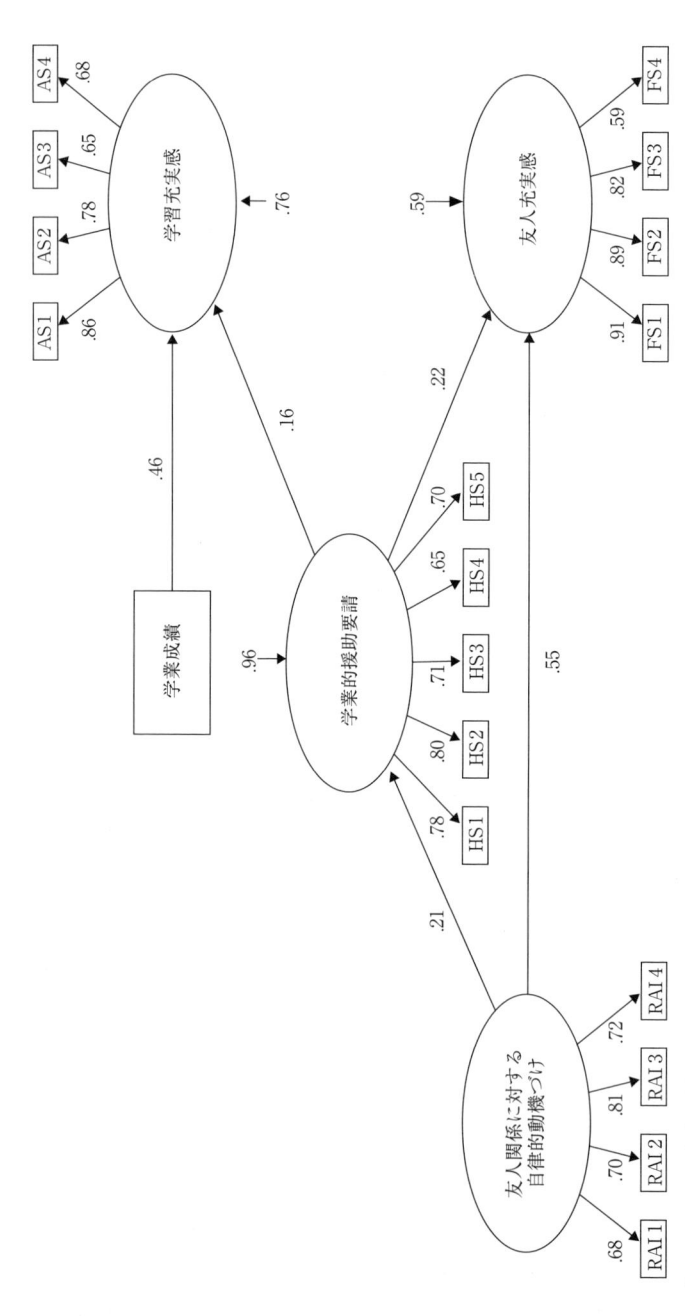

▷Figure 4-1　友人関係に対する動機づけが学業的援助要請を介して充実感に影響するモデルのパス解析結果

うなかかわりを通して学習に対する充実感が高まる可能性を示している。生徒は学習場面で困難な課題に直面することが少なくないだろう。その際，友人に援助を求め，協同的に課題を解決しようとすることで，学習に対して肯定的な感情を高めていることが考えられる。この場合，援助要請によって成績が改善した結果として学習に対する充実感が高められているのではなく，友人とかかわること自体が学習を好ましいものと感じることに寄与していると考えられる。この解釈は，学習に対する充実感の指標として成績の影響を統制した値を用いたことからも支持される。このような学習に対する充実感は，後の学習意欲につながるものであり，その意味で友人関係に対する自律的動機づけは重要な役割を果たしているといえるだろう。

また，友人関係に対する自律的動機づけから学業的援助要請を介して友人関係に対する充実感に至るパスもみられた。この関連は，親密な友人関係の形成や維持が学習場面でも生じている可能性を示している。学習に関する話題をきっかけとして友人とかかわることで，関係の親密化が生じていることが考えられる。

第3節　友人関係に対する動機づけと友人との学習活動（研究9）

1．目的

研究9では，友人関係に対する動機づけと多様な友人との学習活動との関連について検討する。また，友人との学習活動は友人関係と学習との両方の特徴をもっているため，学習に対する動機づけの影響も考えられる。例えば，学業的援助要請には，学習に対する動機づけが関連することが報告されている（Marchand & Skinner, 2007；Newman, 1990）。そこで，友人関係に対する動機づけに加えて，学習に対する動機づけの効果についても併せて検討する。なお，ここでは学習に対する動機づけと学業的援助要請の関連について比較的多くの研究がなされており，学習面での友人とのかかわりに様々なものが生じやすいと考えられる中学生を対象とする。

2．方法

（1）予備調査
　友人との学習活動についての項目を収集する目的で予備調査を行った。高校生670名に対して，「小学校から今までで，学習に関する友人とのかかわりにはどのようなものがありましたか。授業時間以外のことについて，思いつくまま自由に書いてください」という教示によって，友人との学習活動に関する自由記述での回答を求めた。

　自由記述について，学習と関連のない内容を除外し，原則的に1つの内容を記述の単位としてカウントしたところ，848個の記述が得られた。それらの記述を内容的に類似のものにまとめた結果48個の項目に集約された。その48項目をKJ法に準じて分類したところ，8カテゴリーが生成された。カテゴリーは，「援助要請」「援助提供」「相互学習」「学習の時・場所」「友人との学習のポジティブな効果」「友人との学習のネガティブな効果」「学習・かかわりの欠如」「その他」である。このなかで，具体的な学習活動の内容を表す「援助要請」「援助提供」「相互学習」と，友人との学習活動の頻度を表す「学習の時・場所」に注目した。項目表現や内容の類似性に注意しながら，予備的な項目群として，援助要請6項目，援助提供5項目，相互学習5項目，間接的支援4項目，学習機会5項目を作成した。

（2）対象者
　公立中学校の1〜3年生430名に回答を依頼した。2回の調査において，すべての項目に回答した326名（男子162名，女子164名）を分析対象とした。

（3）質問紙
　①友人関係に対する動機づけ：研究8で用いられた「友人関係に対する動機づけ尺度」16項目を用いた。

　②学習に対する動機づけ：速水他（1996）による「学習動機づけ尺度」を用いた。なお，実施時間の制約上，下位尺度（外的調整，取り入れ的調整，同一化的調整，内発的動機づけ）ごとに4項目ずつを選択して使用した。教示は，「あなたが，勉強するときの気持ちについてお尋ねします。あなたは，なぜ学校での勉強や学習をしていますか」であり，回答方法は「1：あてはまらな

い」から「5：あてはまる」の5件法であった。

　③友人との学習活動：予備調査において作成された項目について，協力校の担当教諭との協議によって，項目表現の修正や不適切な項目の削除を行い，最終的に「援助要請」5項目，「援助提供」4項目，「相互学習」5項目，「間接的支援」4項目，「学習機会」5項目の計23項目を用いた。教示は，「勉強をするとき，友人との間で次のことを普段どの程度行いますか」であり，回答方法は「1：ほとんどしない」から「5：よくする」の5件法であった。

　④充実感：研究8で用いた「友人関係に対する充実感尺度」4項目と「学習に対する充実感尺度」4項目を用いた。

（4）手続きと実施時期

　授業時間やホームルームの時間を利用して，担当の中学校教諭によって回答を依頼してもらい，一斉に実施した。①②については2005年6〜7月，③④については同年9〜10月に実施した。

3．結果

（1）尺度構成

　友人関係に対する動機づけについて，下位尺度ごとにα係数を算出した。その結果，$\alpha = .76 \sim .86$と高い信頼性を有することが示されたため，各4項目の加算平均を下位尺度得点とした。また，下位尺度に重みづけをすることでRAIを算出し，RAI-Fとした。

　学習に対する動機づけについて，下位尺度ごとにα係数を算出した。その結果，$\alpha = .74 \sim .87$と高い信頼性を有することが示されたため，各4項目の加算平均を下位尺度得点とした。また，下位尺度に重みづけをすることでRAIを算出し，RAI-Aとした。

　友人との学習活動尺度23項目の記述統計量をTable 4-5に示す。下位尺度ごとにI-T相関を算出し，「間接的支援」と「学習機会」の中から値の低かった1項目ずつ（「成績やテストの点を見せ合う」「塾へ友人と一緒に通う」）を削除したうえでα係数を求めた。その結果，援助要請が.71，援助提供が.76，相互学習が.76，間接的支援が.59，学習機会が.63であった。間接的支援については，α係数が.60を下回っており，信頼性が低いと考えられるため，以降

▶Table 4-5　友人との学習活動の記述統計量

項目	Mean	SD
援助要請		
どうしてもわからないとき，教えてもらう	3.78	1.22
テスト範囲や宿題の内容を尋ねる	3.37	1.32
わからない問題のヒントを出してもらう	3.18	1.32
解き方ややり方を，わかるまで詳しく教えてもらう	2.92	1.33
教科書やノートを貸してもらう	2.80	1.42
援助提供		
友人がどうしてもわからないとき，教えてあげる	3.59	1.21
自分のわかっている問題のヒントを出してあげる	3.28	1.26
教科書やノートを貸してあげる	3.10	1.34
自分のわかっている問題の解き方を詳しく説明する	2.83	1.31
相互学習		
テスト前に問題を出し合う	3.74	1.38
興味のある内容について話し合う	3.63	1.32
わからない問題を一緒に考えたり調べたりする	3.44	1.27
お互いの得意なところを教えあう	2.95	1.34
クイズ形式やかえ歌など，友人と一緒に工夫して勉強する	2.18	1.21
間接的支援		
成績やテストの点を見せ合う	3.70	1.32
勉強への不満を話し合う	3.38	1.33
お互いの進路について話し合う	2.59	1.34
友人と一緒に先生に質問をしにいく	2.02	1.16
学習機会		
塾へ友人と一緒に通う	2.58	1.70
勉強会を開いたり，家で友人と一緒に勉強する	2.34	1.35
一緒に図書館へ行く	2.17	1.36
休み時間中に友人と一緒に勉強する	1.92	1.07
放課後，友人と一緒に勉強する	1.46	0.81

の分析から除外した。他の下位尺度については，それぞれ項目の加算平均を下位尺度得点とした。下位尺度間の相関係数は $r = .45 \sim .70$ であった。

　友人関係と学習に対する充実感の各4項目の α 係数を算出したところ，それぞれ .83, .86と高い信頼性を有することが示されたため，友人関係に対する充実感4項目の加算平均を「友人充実感」得点，学習に対する充実感4項目の加算平均を「学習充実感」得点とした。

（2）変数間の相関係数

　性別（男性＝0，女性＝1），RAI-F，RAI-A，友人との学習活動，友人充

実感，学習充実感の間の相関係数を算出した（Table 4-6）。RAI-F は，友人との学習活動のなかで学習機会を除くすべての下位尺度（$r = .13 \sim .18$, $p < .05$），友人充実感（$r = .35$, $p < .001$），学習充実感（$r = .19$, $p < .001$）との間に正の相関を示した。RAI-A は，友人との学習活動の中で援助要請を除くすべての下位尺度（$r = .13 \sim .27$, $p < .05$），学習充実感（$r = .43$, $p < .001$）との間に正の相関があった。友人との学習活動の下位尺度は，すべて友人充実感と学習充実感の両方と正の相関を示した（$r = .19 \sim .42$, $p < .001$）。

（3）自律的動機づけが友人との学習活動を介して充実感に影響するモデルの検証

　動機づけ→友人との学習活動→充実感のモデルに関してパス解析を行った。ここでは各下位尺度得点を観測変数として用いた。2 つの RAI から友人との学習活動の 4 下位尺度に対するパス，2 つの RAI と友人との学習活動の 4 下位尺度から 2 つの充実感に対するパス，2 つの RAI の間の共分散，友人との学習活動 4 下位尺度の間の共分散，2 つの充実感の間の共分散を設定する飽和モデルを設定し，最尤推定法によってパラメータを推定した。結果を Figure 4-2 に示す。なお，男女間ですべてのパス係数と共分散に等値制約を置くモデルを検討したところ，有意ではなかったため（$\chi^2(28) = 37.02$, $n.s.$, GFI $= .97$, AGFI $= .93$, CFI $= .99$），男女込みの結果を示す。

　RAI-F から援助要請（$\beta = .13$, $p < .05$）と相互学習（$\beta = .15$, $p < .01$），友人充実感（$\beta = .29$, $p < .001$）に対して有意なパスがみられた。RAI-A からは，援助提供（$\beta = .15$, $p < .01$）と学習機会（$\beta = .26$, $p < .001$），学習充実感（$\beta = .37$, $p < .001$）に対して有意なパスがみられた。また，援助要請（$\beta = .21$, $p < .01$）と相互学習（$\beta = .35$, $p < .001$）から友人充実感に対して，援助提供（$\beta = .18$, $p < .01$）と相互学習（$\beta = .15$, $p < .05$）から学習充実感に対して有意なパスがみられた。

4．考察

　研究 9 では，友人関係に対する動機づけと学習に対する動機づけが，友人との学習活動を介して充実感に影響する媒介モデルについて検討した。援助要請は，小さい値ではあるものの友人関係に対する自律的動機づけおよび充実感と

△Table 4-6 変数間の相関係数と記述統計量

	1	2	3	4	5	6	7	8	Mean	SD	α係数
1. 性別（男性=0，女性=1）									—	—	—
2. RAI-F	.18**								5.80	2.90	—
3. RAI-A	.09	.25***							-0.34	3.51	—
4. 援助要請	.22***	.13*	.01						3.21	0.90	.71
5. 援助提供	.24***	.14*	.17**	.64***					3.20	0.97	.76
6. 相互学習	.20***	.18***	.13**	.62***	.70***				3.19	0.94	.76
7. 学習機会	.18**	.09	.27***	.45***	.47***	.55***			1.97	0.80	.63
8. 友人充実感	.08	.35***	.07	.37***	.28***	.42***	.19***		4.09	0.78	.83
9. 学習充実感	.01	.19***	.43***	.30***	.41***	.38***	.32***	.36***	2.94	0.95	.86

*p＜.05．**p＜.01．***p＜.001

第 4 章　友人関係に対する動機づけと学習活動

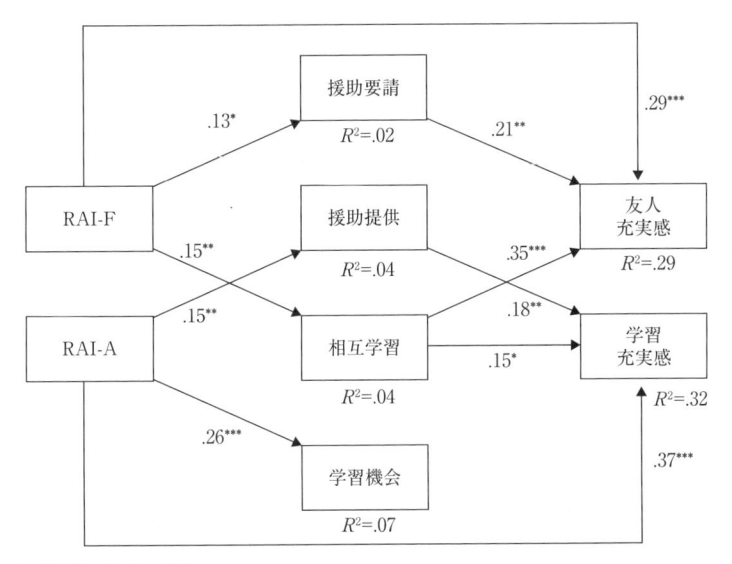

```
                        援助要請
              .13*     R²=.02     .21**          .29***
                                                         友人
RAI-F                   援助提供                          充実感
         .15**         R²=.04       .35***               R²=.29
         .15**          相互学習       .18**              学習
RAI-A                  R²=.04        .15*               充実感
         .26***        学習機会                           R²=.32
                       R²=.07                   .37***
```

*p<.05, **p<.01, ***p<.001
注）変数間の共分散と有意ではなかったパスは省略する

▷Figure 4-2　動機づけが友人との学習活動を介して充実感に影響するモデルのパス解析結果

有意な関連を示した。このことから，友人関係に対する自律的な動機づけが，援助要請を介して友人関係に対する充実感を高めるというプロセスを想定することができる。この結果は研究 8 と一致するものである。友人関係に対する自律的動機づけは，様々な場面において友人に対する積極的な働きかけを促すものであり，学習場面でも援助要請というかたちでの働きかけを促進する傾向があると考えられる。また，援助を要請するというかたちで友人と関わることで，親密な関係が形成されていく可能性もある。

　援助提供は，学習に対する自律的動機づけおよび充実感と有意な関連を示した。そのため，学習に対する自律的動機づけから援助提供を経て，学習に対する充実感に至る関連性が考えられる。ここでの援助提供は，問題の答えではなくヒントを与えたり，内容を詳しく説明するなどであり，学業的援助要請研究における適応的な援助要請（Newman, 2002）に対応する援助を与えるものである。学習に対して自律的な動機づけをもち，積極的な価値を感じることで，

友人に対しても学習促進的な援助を行う傾向があるのかもしれない。また，学習に対する自律的な動機づけが高い生徒は，学業達成が高いことが知られており（Miserandino, 1996），援助を求められ友人を助ける立場にあることが多いと推察される。友人に対して援助を提供することで学業的なコンピテンスを知覚し，学習に対する充実感が高まっていることが考えられる。

相互学習は，弱いながらも友人関係に対する動機づけと有意な関連を示し，友人関係に対する充実感と学習に対する充実感を予測した。このことから，友人関係に対する動機づけは，相互学習を介して友人関係と学習の両方の充実感に影響するプロセスが考えられる。友人関係に対して自律的な動機づけをもつ生徒ほど，わからない問題を一緒に考えるなど，学習場面においても友人とのかかわりのなかで課題を解決することを好む傾向があるのだろう。そして，友人との協同的な学習活動を通して関係が親密なものとなると同時に，学習に対しても肯定的な態度をもつのであると考えられる。

学習機会については，学習に対する動機づけが関連していた。このことから，学習に対する自律的な動機づけが高い生徒ほど，自宅で勉強会を開くなど，友人との学習活動を行う機会が多いことが考えられる。しかし，学習機会の多さそのものはいずれの充実感とも関連を示さなかった。

以上のように，友人関係と学習に対する自律的動機づけが，友人との様々な学習活動を促し，その結果として親密な友人関係の形成や維持に影響すると同時に，学習に対する肯定的な感情を高めている可能性が示された。友人との学習活動のように，学習場面での友人とのかかわりに対しては，両側面での動機づけに目を向けることが必要である。また，友人との相互作用によって，学習や友人関係に対する充実感を高め得ることが示唆された。一般に，生徒は必ずしも学習に対して意欲的であるとは限らない。そのような状況にあって，友人との学習活動が学習に対する充実感と関連していたことは注目すべきものといえる。友人との相互作用を通して，学習に対しても肯定的な態度や感情をもち得るのである。さらに，友人との学習活動は友人関係に対する充実感とも関連しており，学習面でのかかわりをきっかけとして，友人関係が発展していくことも考えられる。このように，友人との学習活動は，学習面と友人関係面の両方において利するところの大きいものであるといえる。

第4節　友人関係に対する動機づけが学習場面で果たす役割（第4章のまとめ）

1．第4章の知見

　第4章では，友人関係に対する動機づけが学習場面で果たす役割について検討するために，友人との学習活動に注目した。研究8では学業的援助要請を，研究9では援助要請，援助提供，相互学習，学習機会の4側面を取り上げた。また，友人との学習活動の結果として，友人関係に対する充実感と学習に対する充実感との関連について検討した。

　研究8では，これまで比較的多くの研究がなされてきた学業的援助要請を取り上げ，友人関係に対する動機づけが学業的援助要請を介して学習に対する充実感と友人関係に対する充実感に影響するモデルを検討した。その結果，友人関係に対して自律的な動機づけをもつ生徒ほど，多くの学業的援助要請を行い，その結果として学習に対する充実感と友人関係に対する充実感が高まっていた。

　研究9では，友人関係と学習に対する自律的動機づけが友人との学習活動を介して学習および友人関係に対する充実感に影響するモデルについて検討した。友人との学習活動については，予備調査によって援助要請，援助提供，相互学習，学習機会の4側面を見出した。友人関係に対する自律的動機づけは，学業的援助要請と相互学習を促す働きをしており，相互学習を介して学習面での充実感に影響する可能性が示された。

　以上の知見から，友人関係に対する自律的動機づけは学習場面においても重要な役割を果たしていることが示唆される。これまでの協同学習に関する研究では，友人とのかかわりの生起を予測するような先行要因についてはほとんど検討がなされてこなかった。また，学業的援助要請に関する研究では，援助要請の生起に影響するいくつかの要因が特定されてきたが（Newman, 1990；Ryan & Pintrich, 1997；瀬尾，2007），友人関係の側面はあまり注目されてこなかった。今回，友人に対して援助を求めたり，協同的に学習を行うなどの学習活動に対しては，学習に対する動機づけよりも友人関係に対する動機づけの方が関連が強いことが示された。そのため，友人とのかかわりの中で生じる学

習活動について考える場合には，友人関係に対する動機づけの側面を見過ごすことはできないだろう。

2．第4章に関連するその他の研究知見

第4章では，主に友人との学習活動という視点から，友人関係に対する動機づけと学習との関連を検討してきた。以下に，その他の視点から友人関係に対する動機づけと学習との関連を扱った研究を紹介する。

まず，学習と友人関係の役割葛藤に関する研究がある。Senécal, Julien, & Guay（2003）は，大学生を対象に，動機づけの視点から学習と友人関係の役割葛藤が学業的遅延行動（academic procrastination）に及ぼす影響について検討している。学業的遅延行動とは，非合理的な理由で学習課題に取り組むのを遅らせることを指す。この研究では，学習に対する自律的動機づけと友人関係に対する自律的動機づけは，いずれも学習と友人関係との役割葛藤を低減しており，その結果として，学業的遅延行動が抑制されていた。また，類似の知見として，学習領域ではないものの Boiché & Sarrazin（2007）は，友人関係に対する自律的動機づけが友人関係とスポーツ活動との役割葛藤を抑制することを明らかにしている。これらの研究から，自律的な動機づけによって友人とかかわっているものは，学習やスポーツといった他の領域での活動に対して，友人関係が干渉することは少ないといえる。

他には，友人関係と学習という2つの領域間での補償的な関係についての研究がある。岡田（2009a）は，学校適応という観点から，学習に対する動機づけと友人関係に対する動機づけの補償効果について検討している。Vallerand & Ratelle（2002）は，ある領域において自律的動機づけが低下すると，全体的な自律性を保つために他の領域で自律的動機づけが高まるという補償効果の存在を指摘している。この補償効果が適応を維持するための機能であるとすれば，ある領域での自律的動機づけが適応に与える影響は，他の領域での自律的動機づけのレベルによって異なることが考えられる。この研究では，学習に対する自律的動機づけが低い生徒ほど不適応感が高かったが，その関連は友人関係に対する自律的動機づけが高いほど弱くなっており，不適応感との関連において2つの領域の動機づけが補償的に働く可能性が示唆された。

3. 残された課題と第4章の問題点

　第4章の主な問題点は次の3つである。1つ目は，友人との学習活動に関する説明率の低さである。研究8の学業的援助要請および研究9における友人との学習活動は，友人関係に対する自律的動機づけと有意な関連を示したものの，その説明率は全体的に低かった。友人との学習活動の生起には，動機づけ以外にも様々な要因が影響していることが考えられる。教室風土や教師の教授行動など他の要因を考慮し，さらに説明力の高いモデルを構築することが不可欠である。

　2つ目は，友人との学習活動が生じる場面を区別していない点である。友人との学習活動は，主に自由な相互作用が許容される休み時間や放課後などに生じると考えられる。本研究の知見は，授業時間中に生じる学習活動を含めたうえでも，自律的動機づけが一定の説明力をもつことを示している。しかし，授業時間のように学習することを明らかに求められている場面と，休み時間などのように学習するか否かが個人の意志にまかされている場面では，友人との学習活動と自律的動機づけ，充実感との関連が異なる可能性も考えられる。場面を明確に弁別したうえでの検討が今後の課題である。

　3つ目は，友人との学習活動に関する否定的な側面について検討していない点である。これまでの研究では，友人関係が学習に対して肯定的な影響を及ぼしていることを示しているものの（Ryan, 2000；Wentzel, 2005），その一方で，友人がもつ特徴によっては否定的な影響を及ぼす場合もあり得ることが指摘されている（Berndt, 1999）。例えば，生徒は友人の行動を観察することを通して影響を受けることがあり，教育場面において友人をモデリングの対象とすることの有効性が明らかにされている（Schunk & Zimmerman, 1996）。しかし，モデリングの対象となる友人の行動が必ずしも教育的に望ましいものとは限らない。もし問題行動や逸脱行動など学習に反する行動を起こす友人と接する機会が多ければ，そのような行動を学習してしまう可能性もある。また，親密な友人の怠学傾向に同調したり，友人との比較がプレッシャーになることなども考えられる。友人との学習活動の負の側面を含めたうえで，自律的動機づけとの関連を検討することが必要であろう。

Summary

　第4章では，友人関係に対するモチベーションが学習面でどのような働きをしているかに関する研究をみてきました。研究の結果からわかったことを，以下の2点にしぼってみてみましょう。

　1つ目に，自律的なモチベーションは，友人との学習活動を促す働きをしていました。第2節（研究8）と第3節（研究9）では，それぞれ高校生，中学生を対象とした調査で，友人関係に対するモチベーションと友人との学習活動との関連が調べられました。いずれの研究でも，友人関係に対して自律的なモチベーションをもつ生徒は，学習面での援助要請を多く行っていました。自律的なモチベーションが高い生徒は，「さっきの授業わからなくて困ったな」となったときに，1人で頭をひねって考えるよりも，友だちに尋ねて解決しようとしているようです。このように言ってしまうと，自分では何もしようとしない怠け者のように思えてしまいますが，そうではありません。いずれの調査でも，「よくわからない内容を詳しく説明してくれるように頼む」や「どうしてもわからないときに教えてもらう」といった援助の求め方を尋ねていました。つまり，努力しても難しいと感じたときに，友人に教えてもらうことできちんと理解しておこうという態度を尋ねていたのです。自分で勉強するのが嫌だからというわけでも，ただ遊びたいからというわけでもなく，友人とのかかわりのなかで学習を進めていこうとしているのです。最初に心配したように，友人関係に対するモチベーションの高い人が，勉強せずに友だちと遊んでばかりいるということはなさそうです。

　2つ目に，友人との学習活動が，友人関係に対する充実感と関連していました。第2節（研究8）では，援助要請が友人関係に対する充実感を高めていましたし，第3節（研究9）では，援助要請と相互学習が友人関係に対する充実感と関連していました。中学生や高校生にとっては，学校生活のなかで学習に取り組む時間が長いので，学習面でのかかわり方の影響は大きいようです。学校生活のなかでは，学習面でのかかわりを通して関係が深まっていくことも少なくないのでしょう。ある友人と最初に仲良くなったときのことを思い返してみると，「宿題やってきた？」と尋ねたのがきっかけだったという人もいるかもしれません。学習面でのかかわりは，友人関係を築いていく過程でも一役買っているようです。

　総じてみると，友人関係に対するモチベーションが学習の邪魔をするということはなさそうです。むしろ，自律的なモチベーションは，友人との学習活動を促すという意味で，学習面でも肯定的な働きをしているといえます。「出された宿題をするべきか，友だちと遊びに行くべきか」と悩んだときに，自律的なモチベーションをもつ生徒は，「友だちと一緒に宿題をしよう」という答えが出てくるのかもしれません。

コラム3

友だち地獄―「空気を読む」世代のサバイバル

土井隆義　2008年　ちくま新書

　「地獄」というインパクトのある語を含んだタイトルがついたこの書籍は，現代の若者が人間関係のなかで抱える生きづらさについて論じたものです。この書籍では，現代的な人間関係の特徴を「優しい関係」という言葉で捉えています。「優しい関係」とは，他者と対立することを回避するのを最優先にするような人間関係です。また，その背景には，「他人と積極的に関わることで自分が傷つけられてしまうかもしれない」(p.8) という危惧があるとされています。書籍では，この「優しい関係」をキーワードとして，いじめやウェブ日記，ひきこもり，携帯電話によるコミュニケーション，ネット自殺などの背後にある若者の生きづらさを鋭く捉えています。

　ここで述べられている「優しい関係」は，よく指摘される希薄化した友人関係とはやや趣きを異にするようです。著者は「現代の若者たちは，互いに傷つく危険を避けるためにコミュニケーションへ没入し合い，その過同調にも似た相互協力によって，人間関係をいわば儀礼的に希薄な状態に保っている」(p.47) としています。よくいわれるようにスキル不足によって友人関係が希薄化しているのではなく，むしろスキルをもっているからこそ，希薄な関係を維持できているということです。

　この書籍のなかで，「優しい関係」の背景にあるのは，自己肯定感の低さからくる承認欲求だとされています。自分を肯定してくれる他者を望むあまり，関係を壊してはいけないと感じて「優しい関係」を維持しようとしているということです。この背景にあるモチベーションは，本書の枠組みでいえば取り入れ的調整でしょう。本文にもありましたが，取り入れ的調整は自我関与によるモチベーションだといわれます。自我関与とは，自尊心や自分の価値を守りたいと思っている状態です。一般的に，人にとって自尊心や自分の価値を感じられることは重要なので，それは強いモチベーションになります。誰でも「自分はダメだ」と思いたくはありません。「優しい関係」でいえば，友人と関係を維持していることが自己価値を大きく左右するため，細心の注意を払いながら友人とコミュニケーションをとっているということになるでしょう。

　その一方で，著者は「昨今の若者たちは，可能ならどこまでも純粋な自分でありたいと願っている。そして，純粋な関係を築きたいと願っている」(p.125) とも述べています。利害関係に影響されない純粋な関係を求めるのは，ある意味では内発的なモチベーションといえるでしょう。友人とかかわりたいという内発的な欲求をもちつつも，自己肯定感の低さから自我関与的に友人とかかわってしまうというアンビバレントなモチベーションのあり方が，現代青年の特徴なのかもしれません。

第 5 章

友人関係に対する動機づけの背景要因
―― なぜ友人とかかわるモチベーションの個人差は生じるか？

　勉強や仕事に対してやる気がでないことはよくあります。パソコンの画面を眺めながら，1行ほど文章を打っては消すということを繰り返し，「はぁ〜」とため息をついたりします。モチベーションが下がっている状態です。逆に，やる気に満ち溢れて，次から次に仕事が片付いていくということも，2，3年のうちに1回ぐらい，ほんの短い間だけならまったくないわけではありません。これはモチベーションが上がっている状態です。同じように，友人関係に対するモチベーションも上がったり，下がったりするのでしょうか。特に，友人とのかかわりを促す自律的なモチベーションがどのように変化するのかは知りたいところです。

　小さいときに，「友だちと仲良くしなさい」といわれたことはありませんか。親からいわれたことがあるという人もいるでしょうし，学級の目標として先生からいわれたという人もいるかもしれません。このときに，もし「なぜ友だちと仲良くしないといけないのか」と尋ねたとしたら，どのような答えが返ってくるでしょうか。「友人は困ったときに自分を助けてくれるから」でしょうか。それとも，「ただ単に仲のよい友人は大切なものだから」でしょうか。実際にそのように尋ねたことがある人がいるかどうかはわかりませんが，友人と仲良くする意味をどのように伝えるかは，モチベーションのあり方に影響するかもしれません。

　モチベーションは友人とのかかわりのなかで揺れ動いているということもありそうです。友人と楽しい時間を過ごした後では，前よりも人とかかわるのが楽しくて大切に思えるかもしれません。逆に，友だちとけんかをしてしまったことで，人とかかわるのが面倒くさいなと思ってしまうこともあるでしょう。

　第5章では，モチベーションの背景にある要因に注目した研究をみていきます。友人とのかかわりを促すモチベーションの背景には何があるのでしょうか。実験的な研究を1つと調査研究を2つみてみましょう。

第1節　自律的動機づけの促進／抑制要因に関する研究知見および第5章の目的

1．自律的動機づけの促進／抑制要因についての知見

　これまでの動機づけ研究では，主に次の2つの目的のもとに動機づけの変動にかかわる要因が検討されてきた。1つは，動機づけに介入することによって，パフォーマンスや感情面などを改善しようとするものである。学習に対する動機づけの研究では，動機づけに対して促進的な効果あるいは抑制的な効果をもつ様々な教示や介入方法が，実験的な手法を用いて検討されてきた。そのような介入の結果として，課題成績や課題従事中の感情などを改善し得ることが明らかにされている（Deci & Ryan, 1987；岡田，2007）。もう1つは，日常場面での動機づけの変動や個人差を明らかにしようとするものである。例えば，生徒の学習に対する動機づけには個人差があるが，その個人差には教師の働きかけ方や生徒の学習に対する自信の程度など様々な要因がかかわっている。それらの要因と動機づけとの関連を検討することで，動機づけがどのような要因によって影響を受けるかを明らかにしようとするのである。このように，動機づけに介入することで望ましい結果を生じさせることと，動機づけの変化や個人差を説明することという2つの目的で，動機づけの促進／抑制にかかわる要因が検討されてきたのである。

　本書で想定したモデルでは，友人関係に対する動機づけに影響し得る要因として，社会的要因と友人との相互作用という2つを想定していた。1つ目の社会的要因による影響に関して，初期の動機づけに関する研究では，実験場面において様々な要因の効果が検討されてきた。そのなかには，報酬，言語的フィードバック，締め切り，監視，競争，評価などがあり，それぞれ実験課題に対する内発的動機づけに影響することが明らかにされている（Deci & Ryan, 1987；岡田，2007）。これらの要因は，日常に置かれている環境の一側面を切り取ったものとして考えることができる。例えば，外的報酬を導入することで後の内発的動機づけが低下することが明らかにされているが，金銭的報酬が頻繁に与えられるような環境のもとでは，人は内発的動機づけを低下させてしま

うことが考えられる。これらの研究知見は、自律的動機づけを高めるための環境設定を考える際に有意義な示唆を与えるものといえる。

社会的要因が内発的動機づけに影響するメカニズムは、認知的評価理論（cognitive evaluation theory）として定式化されている（Deci & Ryan, 1985）。認知的評価理論では、自律性の欲求が阻害されることで、活動に対する内発的動機づけが低下することを仮定している。人は何かの活動に従事する際に、自律的でありたいという欲求をもっており、社会的要因がその欲求を満たす場合に内発的動機づけが高まり、逆に阻害する場合には内発的動機づけが低下するのである。

内発的動機づけに影響する要因としてもっとも多くの研究がなされてきたのは、外的報酬である。認知的評価理論の説明によれば、金銭などの外的報酬は、活動に従事する理由を個人の外部に移行させることで自己決定の感覚を低下させ、その結果として内発的動機づけが低下することになる。実際に、内発的動機づけに対する外的報酬の効果については膨大な数の研究が行われ、その抑制的な効果が明らかにされている（Deci et al., 1999）。外的報酬に関する研究の大部分は、実験場面における学習課題を用いたものであるが、対人関係面での動機づけについても同様のメカニズムを想定することが可能である。例えば、Seligman, Fazio, & Zanna（1980）は、大学生のカップルを対象に、外的報酬の顕現化が恋人との関係に対する内発的動機づけに及ぼす影響について検討している。その結果、恋人との関係がもつ外的報酬の側面を顕現化させることで、関係に対する内発的動機づけが低下した。この知見は、対人関係においても外的報酬が内発的動機づけにとって抑制的な効果をもつ可能性を示すものである。そして、この点は友人関係に対する動機づけに関しても同様であると考えられる。親しい友人との関係において、友人とのかかわりや関係そのものとは異なる外的報酬の側面を認知することで、友人関係に対する内発的動機づけは抑制されてしまうことが予想される。

2つ目の友人との相互作用について、友人関係に関するライフ・イベントに注目する。これまでのライフ・イベントに関する研究では、達成関連のイベントと対人関連のイベントという区分で検討がなされている（高比良, 1998）。対人関連のイベントは日常に対人関係場面で経験する出来事であり、他者との

相互作用を表すものであると考えられる。友人関係場面での出来事（以下，「友人関係イベント」とする）に注目することで，友人との相互作用が友人関係に対する自律的動機づけにどのような影響を及ぼすかを検討できる。

本書で検討しているモデルでは，友人関係に対する自律的動機づけは友人とのかかわりを促すことで，親密な友人関係の形成や維持に影響することが想定されている。自律的な動機づけをもつことで積極的に友人とかかわり，その結果として適応の支えとなる親密な友人関係が築かれることになる。その一方で，友人関係のなかでどのような経験をするかによって，後の動機づけが影響を受けることも考えられる。例えば，友人の役に立つことができ，自分は友人との関係をうまく維持していけるという自信が感じられれば，新たに出会う他者とも積極的に関係を築いていこうとするだろう。また，友人から行動を制限され，友人に付き合わされていると感じてしまうことで，自ら友人関係を維持しようという動機づけが抑制されてしまうかもしれない。このように，友人との相互作用によって，新たな関係の形成や現在の友人関係の維持に対する動機づけが影響されるという関連性が考えられるのである。

2．第5章の目的

第5章では，友人関係に対する動機づけの背景要因について検討する。研究10では，社会的要因として外的報酬の効果を実験操作によって検討する。友人との相互作用の影響に関しては，2つの観点からライフ・イベントとの関連を調べる。研究11では，日常の受容経験と拒絶経験に注目し，友人関係に対する動機づけとの関連を検討する。研究12では，友人関係イベントと友人関係に対する動機づけとの関連を検討する。

第2節　外的報酬の顕現化が友人関係に対する内発的動機づけに及ぼす影響（研究10）

1．目的

これまで報酬と内発的動機づけとの関連については，膨大な数の研究がなさ

れてきた。内発的に動機づけられている活動に対して金銭などの外的報酬を導入することで，当該の活動に対する後の内発的動機づけが低下することが明らかにされている（Deci et al., 1999）。認知的評価理論によれば，外的報酬は活動に従事する理由を個人の外部に移行させることで，自律性の感覚を低下させ，内発的動機づけを抑制するとされている。このメカニズムは，対人関係面での内発的動機づけにも適用可能であることが示されており（Seligman et al., 1980），友人関係に対する動機づけに関しても，報酬の抑制的な効果がみられることが予想される。友人関係の意義や重要性を説くとき，友人関係がどのような利点をもつかに言及することがある。しかし，友人関係が報酬となり得ることを強調することは，自律的な動機づけに対して抑制的な効果をもつ可能性がある。

　研究10では，友人関係がもつ外的報酬の側面を顕現化することが，友人関係に対する内発的動機づけに及ぼす影響について検討する。友人との関係がもつ外的報酬の側面を顕現化する条件（外発条件）は，友人関係そのものの楽しさや友人自体に対する興味を強調する条件（内発条件）や統制条件に比して，内発的動機づけを低下させることが予想される。なお，実験操作の効果をより明確なものにするために，ここでは特定の親しい友人との関係を取り上げることとする。

　内発的動機づけの指標としては，①友人に対する興味，②友人に対する愛情，③将来の友人との共行動の予測，の3つを取り上げる。①の興味は内発的動機づけの指標として多くの研究で用いられてきたものである（Deci et al., 1999；Grolnick & Ryan, 1987）。友人との関係においても，相手に対する興味は内発的動機づけの感情面における中心的な構成要素であると考えられる。②の愛情はSeligman et al.（1980）で内発的動機づけの指標とされたものである。愛情は主に異性に対する恋愛感情であり，愛着と世話，親密さという要素からなるとされている（Rubin, 1970）。しかし，これらの要素は友人関係においても重要な要素であり（Fitzsimons & Bargh, 2003），友人関係のなかでも特に親密度の高い親友に対してもつ感情は，単なる好意や好ましさよりも愛情に近いものであると考えられる。③は行動的側面の代替指標である。これまでの動機づけ研究では，内発的動機づけの行動指標として持続時間が用いられてきた（Deci et al., 1999)。友人関係においては，内発的動機づけは長期的な関係継続の意志や期待として現れ，将来の共行動の予測に影響すると考えられる。

2．方法

(1) 要因計画

実験条件（内発条件・外発条件・統制条件）を実験参加者間の要因とする1要因計画であった。

(2) 実験参加者

女子短期大学の3クラスを各条件に割り当て，内発条件25名，外発条件28名，統制条件21名の計74名に実験への参加を依頼した。回答に不備のあったものを除き，最終的に内発条件18名，外発条件18名，統制条件17名の計53名を分析対象とした。

(3) 実施時期

2006年1月に実施した。

(4) 手続き

実験は質問紙によって条件ごとに一斉に行った。最初のページには，友人を特定し，その友人との共行動を尋ねる質問項目（尺度①）が記載されていた。まず，普段もっとも多くの時間を一緒に過ごす親しい友人を1人思い浮かべてもらい，その友人のファースト・ネームのイニシャルを記入してもらった。次に，その友人と共有している行動について回答を求めた。この項目は，(a) 友人との関係をより明確に意識させるため，(b) 友人との接触頻度の影響を統制するため，という2つの目的で測定した。次に，Seligman et al. (1980) の方法に従い，実験条件の操作を行った。教示に従って友人と一緒にいる理由についての順位づけ課題を行うことを求めた。次のページでは，従属変数として友人に対する興味（尺度②）と愛情（尺度③）を測定する項目への回答を求めた。最後のページには，もう1つの従属変数として友人との将来の関係を尋ねるものとして共行動についての項目（尺度④）が記載されており，各項目への回答を求めた。また，最後に操作チェックのための1項目（尺度⑤）が記載されていた。なお，表紙には回答が匿名であること，回答をやめたくなったらいつでもやめてよいことを明記した。実験終了後に，デブリーフィングとして実

験の概要を記した資料を配布した。

(5) 実験操作

　Seligman et al.（1980）が行った理由の順位づけ課題によって，実験条件を操作した。ページの最初に，課題の説明として条件間で共通の教示を記した。教示は，「前のページで書いてもらった友人を想定してお答えください。以下には，友人と一緒にいることに対するいくつかの理由が書いてあります。それぞれの理由を，あなたにとって重要な順に並び替えてください」であった。また，理由の偏りによって対象者が疑問を抱く可能性があったため，Seligman et al.（1980）と同様に次のような教示を加えた。「このリストは，すべての理由を網羅しておらず，おそらく他の理由もあると思います。しかし，このアンケートではこれらの内容が重要なので，難しいかもしれませんがよく考えて出来るだけすべての理由に順位をつけてください」であった。

　内発条件と外発条件では，「その人と一緒にいるのは…」という文章に続いて，条件ごとに異なる7つの理由が記述されていた。内発条件では，友人との関係そのものを目的とし，相手といることの楽しさを強調する理由のみを用いた（「楽しい時間を過ごすことができるから」「その友人そのものに興味や関心があるから」など）。外発条件では，友人との関係に付随する外的な報酬や，関係を継続することに対するプレッシャーの側面を強調する理由のみを用いた（「いろいろと役に立つから」「向こうから話しかけてくるから」など）。さらに，順位づけした理由について，一番重要としたものに関する具体例を自由記述で求めた。これは，(a) 実験操作の効果をより明確にするため，(b) 操作チェックに用いるため，という2つの目的で行った。本研究では，自由記述への回答まで行った場合を課題完遂として分析に含めた。統制条件では順位づけ課題のページを省いた。

(6) 尺度

　①友人との共行動（現在）：友人と普段共有する行動について尋ねる10項目を作成した（「一緒に食事に行く」「電話で話をする」「一緒に映画を見に行く」「メールのやりとりをする」「お互いの家に遊びに行く」「一緒に買い物に行く」「一緒にカラオケに行く」「悩みなどを相談する」「一緒に旅行に行ったり，遊びに行ったりする」「誕生日などにプレゼントを送る」）。教示は，「友人との間

で，次のことをどの程度行いますか」であり，回答方法は「1：まったくしない」から「7：頻繁にする」の7件法であった。

②友人に対する興味：親友に対する興味を測定する5項目を作成した（「おもしろい人だと思う」「一緒にいると楽しくなる」「興味深い人だと思う」「一緒にいて退屈しない」「なるべく一緒にいたい」）。回答方法は「1：あてはまらない」から「7：あてはまる」の7件法であった。

③友人に対する愛情：Rubin（1970）によるLove-Liking Scaleの日本語版（藤原・黒川・秋月，1983）の下位尺度「Love尺度」から，友人に対する感情の測定に相応しいと考えられる5項目を選定し，項目表現の修正を加えて使用した（「元気がなさそうだったら励ましてあげたい」「すべての事柄について信頼できる」「欠点があっても気にしない」「その人のためならほとんど何でもしてあげるつもりだ」「どんなことでも許せる」）。回答方法は「1：あてはまらない」から「7：あてはまる」の7件法であった。

④友人との共行動（将来）：①と同様の10項目を用い，10年後の友人との予想される関係について尋ねた。回答方法は「1：まったくしない」から「7：頻繁にする」の7件法であった。

⑤操作チェック：実験操作のチェックとして，「順位をつけた友人と一緒にいる理由は，どのようなものでしたか」という質問項目に対し，「友人の内面に関するものが多かった」と「友人の外面に関するものが多かった」のいずれかを選択させた。

3．結果

（1）操作チェック

本研究では，2つの方法を用いて操作チェックを行った。1つ目の方法として，操作チェック用の項目について検討した。ここでは2名を除いてすべての対象者が「友人の内面に関するものが多かった」を選択しており，差異はみられなかった。実験終了後，操作チェックの項目の意味がわからなかったという報告があり，項目表現の不適切さのために操作チェック項目が機能しなかったと考えられる。2つ目の方法として，計36の自由記述を内発的なものか外発的なものかに分類した。いずれの条件の記述であるかを伏せたうえで，2名の評

定者が個々に分類を行った。評定者間の一致率（k 係数）を算出したところ k = .67であった。一致しなかったものは協議によって決定した。その分類カテゴリーと実際の条件との間の連関を算出したところ ϕ = .72（$\chi^2(1)$ = 18.84, p < .01）であった。2つ目の方法のみでは実験条件と統制条件との比較ができておらず，完全な操作チェックとはなっていない。しかし，実験条件内においてそれぞれの側面が顕在化されたことが確認されたため，問題はあるものの実験操作はある程度成功したものと判断した。

（2）尺度構成

友人に対する興味と愛情について，各5項目の α 係数を算出した。その結果，興味が.85，愛情が.86と高い信頼性を有することが示されたため，各5項目の合計得点をそれぞれ興味得点，愛情得点とした。友人との共行動に関しても，現在と将来の各10項目の α 係数を算出した。その結果，現在が.81，将来が.93と高い信頼性を有することが示されたため，各10項目の合計得点を共行動得点とした。変数間の相関係数と各変数の記述統計量を Table 5-1に示す。次に，実験条件ごとに各変数の記述統計量を算出した（Table 5-2）。共行動得点（現在）については条件間で有意な差がなかった（$F(2, 50)$ = 1.75, $n.s.$）。

▷Table 5-1　変数間の相関係数と記述統計量

	1	2	3	Mean	SD	α 係数
1．共行動（現在）				52.30	9.58	.81
2．興味	.54**			30.06	5.02	.85
3．愛情	.39**	.69**		27.55	6.40	.86
4．共行動（将来）	.66**	.64**	.50**	52.02	12.68	.93

**p < .01

▷Table 5-2　条件ごとの記述統計量

	内発条件		統制条件		外発条件	
	Mean	SD	Mean	SD	Mean	SD
共行動（現在）	50.89	9.38	50.24	10.40	55.67	8.51
興味	30.06	4.63	29.71	5.61	30.39	5.09
愛情	28.39	5.91	29.47	5.19	24.89	7.28
共行動（将来）	50.50	15.62	50.24	10.17	55.22	11.56

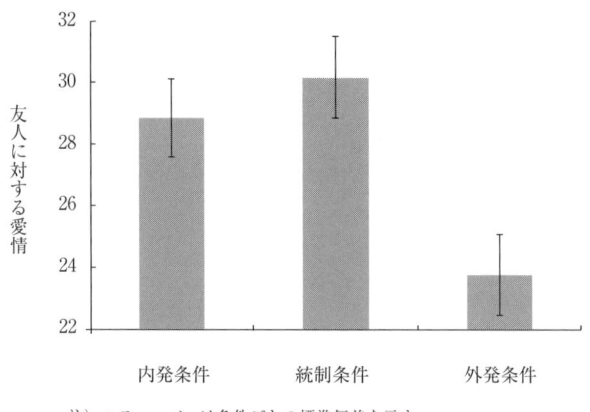

注）エラー・バーは条件ごとの標準偏差を示す

▶Figure 5-1　条件ごとの愛情得点

(3) 実験操作が内発的動機づけに及ぼす影響

　興味，愛情，共行動（将来）の各指標に対して，実験条件を独立変数，共行動（現在）を共変量とする共分散分析を行った。興味に対しては，共変量の主効果のみ有意であり（$F(1,49)=20.41$, $p<.001$），実験条件の主効果はみられなかった（$F=0.30$, $n.s.$）。愛情に対しては，共変量の主効果（$F(1,49)=17.31$, $p<.001$）とともに実験条件の主効果がみられた（$F(2,49)=6.54$, $p<.01$）。共変量の値で調整した平均値に対して，Bonferroniの多重比較（5％）を行なったところ，内発条件と統制条件が外発条件よりも有意に高かった（Figure 5-1）。共行動（将来）に対しては，共変量の主効果のみみられ（$F(1,49)=35.60$, $p<.001$），実験条件の主効果は有意ではなかった（$F(2,49)=0.01$, $n.s.$）。

4．考察

　研究10では，外的報酬の顕現化が友人との関係に対する内発的動機づけに及ぼす影響について検討した。その結果，外的報酬の顕現化は，友人に対する内発的動機づけの感情的側面である愛情を低下させることが明らかになった。

　内発的動機づけの指標として設定したもののなかで，友人に対する愛情について外的報酬の顕現化の効果がみられた。すなわち，友人との関係がもつ外的報酬の側面を顕現化させた条件では，内的な側面を強調した条件と統制条件に

比べて友人に対する愛情が低下していたのである。この結果は外的報酬の抑制効果を示すものであり，部分的に認知的評価理論の予測を支持するものである。統制群の興味得点，愛情得点の高さが示すように，友人との関係はもともと内発的動機づけによって維持されているものと推察される。友人との関係に付随する外的報酬の側面を意識させられることで，関係継続の理由が自己の外部に移行し，自己決定の感覚の低下に伴って友人との関係に対する内発的動機づけが抑制されたのであると考えられる。内発条件と統制条件の間に差がみられなかったのは，先述のように友人との関係に対する動機づけが最初から十分に内発的なものであったためであろう。友人との関係に対する内発的側面を顕現化することは，普段の友人関係に対する動機づけと一致するものであったため，内発的動機づけを高める効果をもたなかったものと考えられる。この点は，恋人との関係について検討した Seligman et al. (1980) と同様である。

一方，内発的動機づけの感情的側面の指標のうち，外的報酬の顕現化の効果は興味に対してはみられなかった。興味は，これまで内発的動機づけの中心的な構成要素として検討されてきたものである (Deci et al., 1999)。しかし，友人との関係においては，興味が若干異なる意味合いを含んでいる可能性がある。興味は友人関係に対する内発的動機づけの構成要素であるものの，それ以前に友人関係は相手への興味を前提として成立していることが考えられる。換言すると，親しい友人について考えることと相手への興味が高いことがほぼ同義であった可能性がある。もしそうであれば，たとえ外的報酬の側面を顕現化されたとしても，親しい友人について考えている限りにおいて，興味は必然的に高くなるであろう。その一方で，愛情は友人との関係に必然的なものではなく，個々の関係のあり方によって比較的変動しやすいものであると考えられる。長田 (1990) によると，異性愛や友人愛などの諸々の愛情は相手本位の利他的なものであるが，報酬の側面を認知することで消失してしまうことを指摘している。以上のことから，外的報酬の顕現化の効果は愛情のみにみられ，興味にはみられなかったのであると考えられる。

内発的動機づけの行動的側面の代替的な指標としては，将来の共行動の予測を用いた。しかし，この指標に対する外的報酬の顕現化の効果はみられなかった。その原因としては，将来の共行動の予測が内発的動機づけのみに基づくも

のではなかったことが考えられる。外的報酬によって内発的動機づけが抑制され行動量が低下するという現象は，一般的にその報酬が取り除かれた後にみられるものである（Deci et al., 1999）。本実験では，将来の時点で友人との関係における報酬的側面が消失することを提示しておらず，むしろ外的報酬が将来においても存在するという期待を喚起した可能性がある。その場合，仮に友人との関係に対する内発的動機づけが低下したとしても，外発的動機づけによって関係を継続しようとする意志が維持されることになるだろう。そのため，行動的側面にあたる共行動の予測については，条件間で差がみられなかったのであると考えられる。

　研究10では，認知的評価理論に基づく動機づけのメカニズムが，友人関係に対する内発的動機づけに対しても適用可能であることが示唆された。友人関係がもつ外的な報酬の側面は，それを認知することは関係継続への内発的動機づけを低下させることが考えられる。しかし，ここでの知見は実験的な手法を用いた基礎的なものであり，知見の応用可能性については今後詳細に検討する必要がある。

第3節　日常の受容・拒絶経験と友人関係に対する動機づけとの関連(研究11)

1．目的

　研究11では，友人との相互作用の影響として，日常の受容・拒絶経験との関連を検討する。自己決定理論においては，関係性欲求を満たすような経験が自律的な動機づけを促すことが想定されている（Deci & Ryan, 2000）。友人との相互作用のなかで受容的な経験をし，関係性欲求が満たされることによって，以降の友人とのかかわりに対して自律的動機づけを高めることが予想される。

　一方で，実験社会心理学的な立場から，他者からの拒絶が対人面での動機づけを促すことを示す研究知見がある。例えば，Maner, DeWall, Baumeister, & Schaller（2007）は，他者からの拒絶が新たな関係を形成しようとする動機づけを促すという社会的再結合仮説（social reconnection hypothesis）を立

て，6つの実験によって検討している。その結果，他者からの拒絶を経験した参加者は，新たな友人関係を形成する機会に興味を示し，単独の作業よりも共同的な作業を好み，他者を好意的に評価し，他者に報酬を多く分配していた。他にも，他者からの拒絶を経験した場合に，同調行動が増加したり（Williams, Cheung, & Choi, 2000），社会的事象に対する記憶再生が高まることが報告されている（Gardner, Pickett, & Brewer, 2000）。これらの知見から，拒絶を経験することで，新たな関係を形成しようとする動機づけが高まると考えられる。

しかし，拒絶によって高まる動機づけの性質については明らかにされていない。研究11では，友人関係に対する動機づけを自律性の観点から区別したうえで，受容・拒絶経験との関連を検討する。受容経験によって高まる動機づけは，同一化的調整や内発的動機づけなどの自律的な動機づけであり，拒絶経験によって高まる動機づけは，外的調整や取り入れ的調整などの統制的な動機づけであると予想される。

2．方法

（1）調査対象者

大学生255名（男性101名，女性154名）に調査を実施した。

（2）実施時期

2009年5月に実施した。

（3）質問紙

①受容・拒絶経験：岡田（2009b），Leary（2001）を参考に，日常の受容経験と拒絶経験に関する各10項目を作成した。各項目について，過去1ヶ月間に経験したか否かを尋ねた。また，各経験がそれぞれ受容的な出来事，拒絶的な出来事であるかを確認するために，経験したと回答した場合には，その際の気分について「1：嫌な気分だった」から「5：いい気分だった」の5件法で評定を求めた。

②友人関係に対する動機づけ：研究1で作成された「友人関係に対する動機づけ尺度」16項目を用いた。

（4）手続き

講義中に回答を依頼し，一斉に実施，回収した。

3．結果

(1) 尺度構成

　受容・拒絶経験について，項目ごとの経験頻度を Table 5-3に示す。経験頻度がもっとも高かった受容経験は「人から自分のがんばりを認められた（70.59％）」であり，拒絶経験では「メールを送った相手から返信がこなかった（42.75％）」であった。気分評定の得点範囲を−2〜2に変換し，気分評定の平均値を算出したところ，受容経験ではすべて正の値を示し，拒絶経験ではすべて負の値を示した。気分評定の平均値がもっとも高かった受容経験は「人からプレゼントをもらった（1.69）」であり，平均値のもっとも低かった拒絶経験は「友人から無視された（−1.50）」であった。各10項目の経験の有無を合計し，受容経験，拒絶経験とした。

▶Table 5-3　受容イベントと拒絶イベントの経験頻度と気分評定値の平均

項目	経験頻度(%)	気分
受容経験		
人から自分のがんばりを認められた	70.59	1.42
友人から悩みを相談された	66.27	0.44
自分にとって嬉しい出来事を，友人が喜んでくれた	65.49	1.60
自分の悩みを人に聞いてもらった	63.14	0.84
懐かしい友人からメールがきた	50.98	1.45
新しい友人ができた	47.84	1.48
人からプレゼントをもらった	36.47	1.69
今までそれほど仲のよくなかった人から，集まりや遊びに誘われた	34.51	0.92
サークルやバイト仲間など，新しく何かのグループに入った	18.82	0.90
けんかしていた友人と仲直りをした	9.41	1.42
拒絶経験		
メールを送った相手から返信がこなかった	42.75	−1.02
自分が真剣に話したことを，まじめに取り合ってもらえなかった	26.27	−1.15
知り合いと目があったときに，視線をそらされた	23.14	−0.93
誰かに話しかけたとき，避けるような態度をとられた	20.00	−1.41
人から約束を破られた	18.82	−1.35
友人から無視された	17.25	−1.50
今まで話していた人が，話しかけてくれなくなった	16.86	−1.49
知り合いに挨拶をしても，返してもらえなかった	10.98	−1.00
友人にメールを送ろうとしたら，アドレスが変わっていて送れなかった	10.20	−0.88
友人グループのなかで，遊びや旅行に自分だけ誘われなかった	7.84	−1.20

動機づけについては，下位尺度ごとに加算平均を算出した。その結果，外的調整については α 係数が低かったが，1項目を削除したところ $\alpha = .53$ と改善がみられたため，3項目での加算平均を用いた。他の3下位尺度については.73～.89と一定の値を示したため，3項目の加算平均を用いた。また，下位尺度に重みづけをすることでRAIを算出した。

（2）受容・拒絶経験と動機づけとの関連

受容経験，拒絶経験と動機づけとの相関係数を算出した（Table 5-4）。受容経験と拒絶経験は正の相関を示した（$r = .36$, $p < .001$）。受容経験は，取り入れ的調整（$r = .19$, $p < .01$），同一化的調整（$r = .26$, $p < .001$），内発的動機づけ（$r = .26$, $p < .001$）と正の相関を示した。拒絶経験は外的調整と正の相関を示した（$r = .14$, $p < .05$）。

動機づけの各下位尺度とRAIに対して，受容経験と拒絶経験を説明変数とする重回帰分析を行った（Table 5-5）。外的調整に対しては，拒絶経験が正の関連を示した。取り入れ的調整，同一化的調整，内発的動機づけに対しては，受容経験が正の関連を示した。RAIに対しては，受容経験が正の関連を示し，拒絶経験が負の関連を示した。

4．考察

研究11では，友人関係に対する動機づけと日常の受容・拒絶経験との関連について検討した。日常のなかで，受容経験が多く，拒絶経験が少ないほど，友人関係に対する自律的な動機づけが高まる可能性が示された。友人からプレゼン

▶Table 5-4 変数間の相関係数と記述統計量

	1	2	3	4	5	6	Mean	SD
1．受容経験							4.64	2.31
2．拒絶経験	.36***						1.94	2.09
3．外的調整	.03	.14*					1.97	0.66
4．取り入れ的調整	.19**	.11	.47***				3.22	0.89
5．同一化的調整	.26***	.00	-.06	.30***			4.14	0.67
6．内発的動機づけ	.26***	.01	-.25***	.10	.77***		4.44	0.66
7．RAI	.12	-.10	-.77***	-.43***	.54***	.75***	5.86	2.75

*$p < .05$, **$p < .01$, ***$p < .001$

▶Table 5-5　受容経験と拒絶経験から動機づけに対する重回帰分析の結果

	外的調整	取り入れ的調整	同一化的調整	内発的動機づけ	RAI
受容経験	−.03	.17**	.30***	.30***	.17**
拒絶経験	.15*	.05	−.11	−.10	−.16*
R^2	.02†	.04**	.08***	.08***	.04**

†$p<.10$, *$p<.05$, **$p<.01$, ***$p<.001$

トをもらったり，新しい友人ができるなどの経験をすることで，友人関係の重要性や楽しさを感じ，自律的動機づけが高まると考えられる。また，人が自律的に動機づけられるためには，関係性の欲求が満たされる必要があるとされているが（Deci & Ryan, 2000），関係性欲求は友人関係に対する動機づけにおいても重要であることが示唆される。

　一方，拒絶経験は，外的調整と正の関連を示した。相手から無視されたり，自分の話をまじめにとりあってもらえないといった拒絶を経験することで，仕方なく相手に合わせて友人とかかわるようになる面があるのかもしれない。Maner et al.（2007）の社会的再結合仮説では，他者からの拒絶が新たな関係の形成に対する動機づけを促すことを想定しているが，ここでの結果から考えると，拒絶によって高まる動機づけは外発的なものであると考えられる。

　取り入れ的調整については，拒絶経験ではなく受容経験が正の関連を示した。自己決定理論では，取り入れ的調整は価値を内在化していく途中の段階であるとされており（Deci & Ryan, 2000），友人関係においては，友人の大切さやその価値に気づいていく途上の段階として考えることができる。友人とのかかわりのなかで受容される経験をすることによって，それまで外発的に友人とかかわっていたものが，徐々に自律的に動機づけられるようになっていく途中の状態を反映して正の関連がみられたものと考えられる。

第4節　友人関係イベントと友人関係に対する動機づけとの関連(研究12)

1．目的

　研究12では，友人との相互作用の影響として，友人関係イベントとの関連を検討する。これまでのライフ・イベントに関する研究では，主にその出来事が肯定的なものか否定的なものかという次元から分類されてきた（Nezlek, 2005；Stone, 1987；高比良，1998）。しかし，友人との相互作用は多様であり，同じく肯定的なもの，否定的なもののなかにも，様々な内容のイベントが存在すると考えられる。友人との相互作用が自律的動機づけに及ぼす影響を明らかにするためには，友人関係イベントを詳細に分類したうえで，動機づけとの関連を検討する必要がある。

　ところで，友人関係イベントが友人関係に対する動機づけに影響する過程では，その際に経験される感情が重要な役割を果たしていると考えられる。Parrott（2004）によると，感情は人を対人行動に動機づける機能をもつとしており，友人関係イベントに際してどのような感情を経験するかによって，後の自律的動機づけが影響を受けることが考えられる。例えば，仲のよかった友人から冷たくされることで不安や怒りを経験すれば，全般的に友人関係に対して消極的になることがあるかもしれない。また，友人の役に立てたことで喜びを感じ，その後積極的に他者と関係を築いていこうとすることもあるだろう。このように，友人とのかかわりのなかで様々な感情を経験し，そのことによって後の友人関係に対する動機づけが影響を受けていることが考えられる。

　以上から，研究12では友人関係イベントが感情経験を介して友人関係に対する動機づけに影響するプロセスを検討する。友人関係イベントについては，これまで詳細に分類した研究がみられないため，自由記述によってその種類を明らかにする。

2．方法

（1）対象者
　大学生および短大生132名（男性26名，女性106名）に調査を実施した。平均年齢は20.65歳（$SD=3.54$）であった。

（2）実施時期
　2006年1月に実施した。

（3）質問紙
　①友人関係イベント：「過去3ヶ月の間で，友人関係に関する出来事の中でもっとも印象に残っているのはどんなことですか」という教示によって，各対象者につき1つずつ友人関係イベントの自由記述を求めた。ここでの過去3ヶ月という期間は，大学生用のライフイベント尺度を作成した高比良（1998）と同様である。

　②感情経験：①で記述した出来事に際して経験した感情を尋ねた。感情の項目については，寺崎・古賀・岸本（1991）の「多面的感情状態尺度」の抑うつ・不安，敵意，倦怠，活動的快，非活動的快，驚愕の6下位尺度から各3項目ずつを選定して使用した。原尺度では，そのときの感情状態を尋ねる教示を行っているが，本研究では「そのとき，あなたは次のような感情をどの程度感じましたか」という記述によって，出来事の際に経験した感情について尋ねた。回答方法は「1：感じなかった」から「4：感じた」の4件法であった。

　③友人関係に対する動機づけ：研究1で作成された「友人関係に対する動機づけ尺度」16項目を用いた。

（4）手続き
　2つの4年制大学と1つの短期大学で講義時間中に回答を依頼し，一斉に実施した。

3．結果

（1）友人関係イベントの分類
　友人関係イベントの自由記述について，教示にそぐわないもの5つを除いたうえで，KJ法に準じて分類を行った。その結果，「旧友との再会」「関係の形

▶Table 5-6　友人関係イベントのカテゴリーとイベントの例

カテゴリー	頻度（%）	イベントの例
旧友との再会	36（28.35）	昔からの懐かしい友人に会った 昔の友だちが遊びに来た
関係の形成	18（14.17）	今まで関わりのなかった人と仲よくなった 海外に新しい友人ができた
活動の共有	20（15.75）	友人たちと旅行に出かけた 友人とご飯を食べて楽しい時間が過ごせた
関係の親密化	18（14.17）	友人に自分の悩みを相談できた 友人と今までにないくらい深い話ができた
印象の変化	10（ 7.87）	友だちに気をつかうようになった 友人のことがよくわからなくなってしまった
不和・関係の悪化	7（ 5.51）	友人とけんかした 仲のよかった友人が冷たくなった
約束の不履行	4（ 3.15）	ずっと前から約束していた日に断られた ドタキャンされた
友人のポジティブ・イベント	4（ 3.15）	友人に彼氏ができた 同年代の友人に赤ちゃんが生まれた
友人のネガティブ・イベント	3（ 2.36）	友人が事故に遭った 友人に彼氏ができたがすぐに別れた
その他	7（ 5.51）	進路の話をきいた 友人が出演したライブに行った

成」「活動の共有」「関係の親密化」「印象の変化」「不和・関係の悪化」「約束の不履行」「友人のポジティブ・イベント」「友人のネガティブ・イベント」「その他」の10カテゴリーが生成された（Table 5-6）。

（2）尺度構成

　感情経験について，各3項目でのα係数を算出した。その結果，$\alpha = .80 \sim .91$と高い値を示したため，各3項目の加算平均を下位尺度得点とした。友人関係に対する動機づけについて，各4項目でのα係数を算出した。その結果，取り入れ的調整から内発的動機づけは$\alpha = .74 \sim .88$と一定の値を示したが，外的調整については.46と極端に低い値を示した。そのため，以降では外的調整を省いて，3下位尺度のみ分析を行うこととした。

（3）友人関係イベントと感情経験との関連

　友人関係イベントを独立変数，6つの感情経験を従属変数とする多変量分散

分析を行った。なお，友人関係イベントについては，度数が5に満たないカテゴリーとその他を除く6カテゴリー間の比較を行った。その結果，多変量主効果が有意であり（$\lambda=.28, F(30, 394)=4.93, p<.001$），驚愕を除くすべての感情経験に有意な差がみられた（Table 5-7）。抑うつ・不安に関しては，不和・関係の悪化で高く，次いで関係の親密化で高かった。敵意については，不和・関係の悪化で高く，倦怠は印象の変化で高い傾向がみられた。活動的快や非活動的快は，旧友との再会や関係の形成，活動の共有などで高かった。

（4）変数間の相関係数

性別（男性＝0，女性＝1），感情経験，友人関係に対する動機づけの間の相関係数を算出した（Table 5-8）。抑うつ・不安（$r=-.22, p<.05$），敵意（$r=-.29, p<.01$），倦怠（$r=-.21, p<.05$）は内発的動機づけとの間に負の相関を示し，活動的快は内発的動機づけと正の相関を示した（$r=.27, p<.01$）。活動的快（$r=.23, p<.01$）と驚愕（$r=.26, p<.01$）は同一化的調整との間に正の相関を示した。

（5）感情経験と動機づけとの関連

性別と感情経験の6下位尺度を説明変数，友人関係に対する動機づけの下位尺度を基準変数とする重回帰分析を行った。取り入れ的調整については説明率が有意ではなかった（$R^2=.08, n.s.$）。同一化的調整については説明率が有意であり（$R^2=.13, p<.05$），活動的快（$\beta=.28, p<.05$）と驚愕（$\beta=.25, p<.05$）が有意な関連を示した。内発的動機づけについても説明率が有意であり（$R^2=.16, p<.01$），敵意（$\beta=-.21, p<.10$）と活動的快（$\beta=.23, p<.10$）の関連が有意な傾向であった。

4．考察

研究12では，友人関係に対する動機づけと友人関係イベントおよびその際の感情経験との関連について検討した。その結果，旧友との再会や関係の形成，活動の共有などのイベントは活動的快を高め，不和・関係の悪化は敵意や抑うつ・不安を高めていた。また，活動的快は内発的動機づけや同一化的調整と正の関連があり，敵意は内発的動機づけと負の関連があった。これらの結果から，旧友との再会や関係の形成，活動の共有といった友人との親和に関する出来事

▷Table 5-7 友人関係イベントごとの感情経験

		旧友との再会	関係の形成	活動の共有	関係の親密化	印象の変化	不和・関係の悪化	F値
抑うつ・不安	M	1.46[a]	1.31[a]	1.43[a]	2.37[b]	2.38[b]	3.50[c]	13.37**
	SD	0.66	0.48	0.61	0.92	0.80	0.91	
敵意	M	1.07[a]	1.12[a]	1.08[a]	1.00[a]	1.38[a,b]	2.00[b]	6.67**
	SD	0.37	0.33	0.25	0.00	0.52	0.92	
倦怠	M	1.21[a]	1.18	1.18[a]	1.17[a]	1.90[b]	1.72[a,b]	5.20**
	SD	0.38	0.34	0.24	0.24	0.76	0.80	
活動的快	M	3.24[a]	3.06[a]	3.18[a]	2.60[b]	1.71[b,c]	1.17[c]	10.57**
	SD	0.76	0.95	0.66	0.98	0.83	0.41	
非活動的快	M	2.47[a]	1.84[a,b]	2.45[a]	1.93[a,b]	1.52[a,b]	1.28[b]	4.43*
	SD	0.89	0.59	0.92	0.68	0.77	0.44	
驚愕	M	2.21	2.02	1.73	2.23	2.48	2.83	1.75
	SD	0.89	0.78	0.85	0.93	0.84	1.35	

*$p<.05$, **$p<.01$
注) 異なる文字をもつ平均値間には有意な差があることを示す

△Table 5-8 変数間の相関係数と記述統計量

	1	2	3	4	5	6	7	8	9	Mean	SD	α係数
1. 性別 (男性=0, 女性=1)										—	—	—
2. 抑うつ・不安	-.14									1.73	0.83	.87
3. 敵意	-.06	.53***								1.21	0.48	.85
4. 倦怠	.05	.40***	.60***							1.31	0.52	.80
5. 活動的快	-.00	-.51***	-.34***	-.42***						2.65	1.04	.91
6. 非活動的快	.11	-.22**	-.13	-.05	.50***					1.93	0.84	.84
7. 驚愕	-.05	.30***	.08	.11	-.01	-.21*				2.23	0.93	.85
8. 取り入れ的調整	.06	.04	-.06	.05	.13	.09	.18*			3.04	0.90	.74
9. 同一化的調整	.04	-.04	-.08	-.05	.23**	.05	.26**	.35***		4.18	0.72	.80
10. 内発的動機づけ	.13	-.22*	-.29***	-.21*	.27**	.04	.12	.16	.71***	4.50	0.64	.88

*$p<.05$, **$p<.01$, ***$p<.001$

の際には快感情を経験し，その後の内発的動機づけや同一化的調整が高まっていることが考えられる。一方，友人とけんかをしたり，仲のよかった友人から冷遇されるなどの出来事を経験すると，相手に対して敵意を感じることで，内発的動機づけが低下してしまう可能性がある。このように，日常における友人とのかかわりのなかで様々な感情を経験し，そのことによって友人関係に対する動機づけが影響を受けていることが考えられる（Figure 5-2）。

　研究12では，友人との相互作用が後の動機づけに影響するという方向での因果関係を想定していた。そのため，過去の友人関係イベントを尋ね，現在の動機づけとの関連を検討した。しかし，友人関係に対する動機づけは比較的安定したものであり，本研究で報告された友人関係イベントの時点と回答の時点とで変化が生じているかどうかは明らかではない。動機づけが変化していないとすれば，本研究でみられた友人関係イベントと動機づけとの関連は，動機づけによってイベントが生じるという方向での関連を反映したものである可能性も否定できない。友人関係イベントから動機づけへの影響という因果関係を特定するためには，縦断調査などによって，動機づけの変化を考慮したうえで関連を検討することが必要であろう。

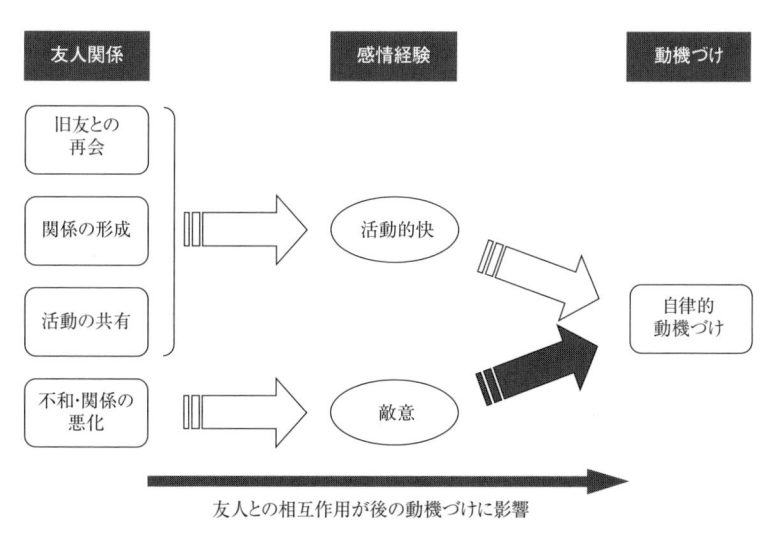

▶Figure 5-2　友人との相互作用が友人関係に対する自律的動機づけに影響するプロセス

第5節　友人関係に対する動機づけの背景要因（第5章のまとめ）

1．第5章の知見

　本書で提示したモデルでは，友人関係に対する動機づけに影響する要因として，社会的要因と友人との相互作用の2つを想定していた。そのうち，研究10では社会的要因として外的報酬の顕現化の効果について検討し，研究11と研究12では友人との相互作用としてライフ・イベントの影響について検討した。

　研究10では，友人関係がもつ外的報酬の側面を実験操作によって顕現化させることが，特定の友人との関係に対する内発的動機づけに及ぼす効果について検討した。その結果，外的報酬を顕現化させた条件では，親友との関係に対する内発的動機づけの指標のなかで，感情的側面である愛情が低下していた。この結果は，友人や友人関係そのものとは異なる外的報酬の側面を意識することで，親しい友人との関係を継続させようとする内発的動機づけが抑制されてしまうことを示している。ここでの知見に基づくならば，友人関係がどのような利点をもっているかに注意を向けさせるような働きかけや環境設定は，動機づけにとって促進的な効果はもたないといえる。例えば，教育現場などにおいて，友人の存在が自分の助けとなることを過度に強調することは，友人との関係そのものを目的とする内発的動機づけを低下させてしまうかもしれない。動機づけの変動にかかわる社会的要因を考慮したうえでの環境設定が必要である。

　研究11と研究12では，友人との相互作用の影響として，友人関係に関するライフ・イベントの影響について検討した。研究11では，日常での受容・拒絶経験と動機づけとの関連を検討した。その結果，友人からプレゼントをもらったり，悩みを相談されたりする受容経験は，内発的動機づけや同一化的調整を高め，友人から無視されたり，メールの返信が来ないといった拒絶経験は，外的調整を高める可能性が示された。また，研究12では，友人関係イベントが感情経験を介して友人関係に対する自律的動機づけに影響するプロセスについて検討した。その結果，旧友との再会や関係の形成，活動の共有などのイベントでは，活動的快感情を経験しやすく，その感情経験が自律的動機づけと関連して

いた。一方，不和・関係の悪化の際には敵意を感じやすく，その感情経験が自律的動機づけの低さと関連していた。これらの結果から，強い感情が経験されるような友人との相互作用は，後の動機づけに影響する可能性が示されたといえる。一方で，そのような相互作用の基盤となる友人関係は，以前の動機づけによって形成されたものである。まず個人が友人に対して働きかけることで，友人関係が形成され，そこでの相互作用が，さらに後の動機づけを規定するという関連性を想定することができる。友人関係はその内部において循環的に展開していくという側面をもっていると考えられる。

以上の結果から，友人関係に対する動機づけは，社会的要因や友人との相互作用のなかで影響を受けて変動する可能性が示された。友人関係に対する動機づけが，適応の支えとなる親密な関係の形成や維持に寄与するのであれば，これらの背景要因に注目することは有意義であろう。

2．第5章に関連するその他の研究知見

第5章では，友人関係に対する動機づけの背景要因として，実験操作による報酬の顕現化と友人関係におけるライフ・イベントについて検討した。以下に，その他の視点から友人関係に対する動機づけの背景要因に焦点をあてた研究を紹介する。

友人とかかわる動機づけを実験的に操作した研究として Boggiano, Klinger, & Main（1986）がある。この研究では，5歳から9歳の子どもを対象として，新たに出会った友人との相互作用に対する動機づけを操作することで，友人との相互作用量の変化を調べた。実験に参加した子どもは，新しい級友を紹介されるが，そのときに条件によって級友の異なる側面が強調される。状況的情報条件（外発的動機づけに相当）では，その級友がおもしろいおもちゃをもっていることが強調され，気質的情報条件（内発的動機づけに相当）では，その級友自身がすてきな少年であることが強調された。その後，級友がすでにおもちゃをもっていないことを伝えたうえで，自由遊び場面においてどの程度その級友と遊ぼうとするかを調べた。その結果，5歳と7歳の子どもでは，気質的情報条件よりも状況的情報条件で遊ぶ時間が長かったが，9歳では状況的情報条件よりも気質的情報条件の方が遊ぶ時間が長くなっていた。この結果は，友

人に関する情報の伝え方によって友人とのかかわりに対する動機づけは変化し得ること，年齢によってその影響が異なることを示唆するものである．

別の視点として，Soenens & Vansteenkiste（2005）は，両親と教師の自律性支援の影響を調べている．自律性支援とは，相手の視点に立ち，相手が自分で行った選択や自発性を促すことである（Deci & Ryan, 1987）．高校生を対象とした調査から，母親が自律性支援的であるほど，友人関係に対する自律的動機づけが高いことが報告されている．また，直接友人関係に対する動機づけを扱っていないものの，Deci, La Guardia, Moller, Scheiner, & Ryan（2006）は，友人からの自律性支援が友人関係に対する満足感や基本的欲求の充足を促すことを示している．友人からの自律性支援が友人との相互作用の一端であると考えれば，この知見は，友人との相互作用が動機づけを介して後の関係のあり方に影響するという本書のモデルと一致するものといえる．

3．残された課題と第5章の問題点

第5章の主な問題点は，次の2つである．1つ目は，対象者が女性に偏っていることである．研究10では女性のみを対象とし，研究12でも対象者の大部分が女性であった．研究10で検討した報酬の効果に関して，認知的評価理論のメカニズムで特に性差は想定されていないものの，男性に対しても同様の知見が得られるか否かは確認しておく必要がある．また，研究12では感情経験を扱ったが，感情経験に性差があるとする知見（Grossman & Wood, 1993）とともに，感情経験直後の報告では性差はみられないとするものがあり（Barrett, Robin, Piertromonaco, & Eyssell, 1998），感情と性別との関連についての結果は一貫していない．友人関係に対する動機づけの背景要因に関しても，今後性別を考慮した検討を行う必要がある．

2つ目は，知見の応用可能性についてである．研究10では，報酬の側面を操作することによって，特定の友人との関係に対する内発的動機づけが変化する可能性が示された．研究11と研究12では，日常における友人とのかかわりが，後の友人関係に対する動機づけに影響する可能性が示された．これらの知見は，友人関係の側面から適応を支えようとする場合に有意義な視点をもたらすものであるといえる．しかし，具体的にどのようにして友人関係に対する自律的動

機づけを高めるか,あるいはその低下を防ぐかについては,さらに応用的な研究を行うことで,実証的に検討していく必要があるだろう。

Summary

　第5章では，友人関係に対するモチベーションの背景にある要因に注目した研究をみてきました。実験的な操作を行った研究を1つと，友人関係で生じるライフ・イベントに注目した研究を2つ紹介しました。それぞれについて，研究の結果からわかったことをまとめてみましょう。

　第2節（研究10）では，友人関係がもつ報酬的な側面を意識化させることが，親友との関係に対する内発的動機づけを低める可能性が示されました。実験では，仲のよい親友を1人挙げてもらい，その親友との関係がもつメリットのことばかり考えてもらいました。親友の存在が「役に立つ」という報酬の側面を意識させたわけです。すると，友人に対する興味や楽しさを強調した場合よりも，友人に対する愛情が少し低下していました。愛情は友人との関係における内発的動機づけの一側面だと考えられますので，友人との関係がもつメリットや報酬の側面を意識化させることで，内発的動機づけが低下したということになるでしょう。この結果は，友人関係の大切さを説こうとしたときに，その伝え方によってはモチベーションが影響を受ける可能性を示唆しています。あからさまに「友だちがいると役に立つ」という人はいないでしょうが，「友人は自分を助けてくれるから大事だ」という言い方は耳にすることがあります。事実として，友人関係は個人の適応や成長を助けてくれるものですが，その面ばかりを強調しすぎると内発的動機づけは低下してしまうかもしれません。

　第3節（研究11）と第4節（研究12）では，友人関係のなかで経験する出来事がモチベーションと関連していました。2つの研究からいえることは，友人とのかかわりのなかで，ポジティブな感情を経験することで自律的なモチベーションが高まるようです。確かに，友人関係のなかでうれしさや楽しさを感じられれば，より積極的に友人と過ごす時間をもちたいと思うようになります。また，古い馴染みの友だちと久しぶりに会ったことで，「やっぱり友だちっていいものだな」と改めて思うこともあるでしょう。そういった経験は，友人とかかわろうとするモチベーションを高めます。一方で，友人とけんかをしたり，冷たくされることで敵意を感じてしまうと，自律的なモチベーションが下がってしまうようです。第3章では，自律的なモチベーションが低い人ほど敵意を感じやすいという結果が示されましたが，敵意を感じることでさらにモチベーションが下がってしまうという悪循環があるのかもしれません。

　友人関係に対するモチベーションもずっと一定というわけではなく，上がったり下がったりするようです。周囲から友人関係をどのようなものとして伝えるかによって，あるいは友人とのかかわりのなかでどのような経験をするかによって，少しずつモチベーションのあり方が変化していくのでしょう。

コラム4

「友だちいない」は"恥ずかしい"のか―自己を取り戻す孤独力
武長脩行　2012年　平凡社新書

　一般的に,「孤独」という言葉に対して人はあまりよい印象をもたないようです。一人でいるのは何か恥ずかしいことで,極力避けるべきものだというイメージがあります。しかし孤独でいることも大事ではないか,というのがこの書籍の主張です。「孤独力」という言葉をキーワードとして,現代の若者が置かれている社会的状況を踏まえながら,孤独の意味を捉え直そうとしています。

　「孤独力」とは,「他人や社会に依存せずにひとりになることができる力」(p.34)のことです。この「孤独力」は,他者と適切にコミュニケーションをとるうえでの土台だとされています。他者に依存したり,同調したりせずに,自己内対話をきちんとできることが,他者とうまくかかわるためには必要だということです。

　著者が「孤独力」の大事さを主張するのは,多くの人がなかば強迫的に友人関係や仲間関係を築こうとしている日本の現状を踏まえてのことです。一人で遊んでいる子どもを無理に他の子どもの輪に入れようとする母親の例や,知り合いを作るために異業種交流会に過剰に出席するビジネスマンの例を挙げながら,多くの人が強迫的に友だちを作ろうとしていることが述べられています。これは外発的なモチベーションに対する問題意識として読むことができるかもしれません。本人の意思とは関係なく親が友だちとのかかわりを強いたり,将来に役立つということを考えて他者（ビジネスマンの例は友人ではありませんが）とかかわるのは,外発的なモチベーションです。この書籍では,そういった外発的なモチベーションで友人とかかわるよりも,一人でいることの方が大切だと説いています。

　著者は,こういった一人を避けようとする姿勢の背景には,「友だちは多いほうがいい」「ひとりでいることはいけないことだ」というのは社会の刷り込みがあるとしています。日本社会の特徴やマスメディアの影響が相まって,「ひとりでいるのはいけない」という空気感を作り出しているということです。本文で紹介した自己決定理論の考え方では,「一人でいるのがいけない」という価値観が中途半端に内在化され,同一化できていない状態だといえます。本書の第5章では,友人関係がもつ報酬の側面を意識させることで,内発的なモチベーションが低下してしまう傾向があることが示されました。この結果と併せて考えるなら,社会のなかで友人関係がどのようなものとして伝えられているかによって,友人とかかわるモチベーションは変わってくるのかもしれません。「友だちいない」ということが本当に恥ずかしいことなのかどうかは,改めてよく考えてみる必要があるでしょう。

第 6 章

動機づけの視点からみた友人関係
――友人関係においてモチベーションはどのような役割を果たしているか？

　親密な友人関係を築いている人とそうでない人の違いはどこから来るのか。本書は，この問題意識から始まりました。そして，人が自ら友人とかかわろうとする自律的なモチベーションに焦点をあてて，親密な友人関係を築いていくプロセスを捉えようとしました。友人とかかわろうとする意欲の面に注目したわけです。友人関係に対するモチベーションをキーワードとして，全部で12の研究が行われました。まず，友人関係に対するモチベーションを測るための尺度が作成されました。その後，その尺度を使って，どのようなモチベーションが友人とのかかわりを促すのかや，モチベーションが学習場面でどのような働きをしているかが調べられました。また，友人関係に対するモチベーションの背景には何があるのかについても，いくつかの観点から調べられました。これらの研究を通してどのようなことがわかったのでしょうか。やはり，人が親密な友人関係を築いていくうえで，モチベーションは重要な役割を果たしていたのでしょうか。

　本書では，「なぜ友人と親しくするのか」という観点から友人関係に対するモチベーションを考えてきました。他にもモチベーションの考え方はあり，特に最近では様々な点から友人関係に対するモチベーションを捉えようとする研究が行われるようになってきています。例えば，「何を目指して友人とかかわろうとするのか」といった目標や，「友人とうまくかかわることができるか」といった自信の程度も，モチベーションの違いを理解するための大事な視点になります。

　第6章では，本書のまとめとして，ここまでで明らかにされてきた研究知見を振り返ります。第1章で示されたモデルはどこまで確かめられたのでしょうか。また，本書とは異なる立場から友人関係に対するモチベーションを捉えようとしている研究を紹介します。そして，最後に今後の研究の方向性を考えます。

第1節　本書の知見のまとめ

1．第6章の流れ

　本書では，人が親密な友人関係を築いていくプロセスを明らかにするために，友人関係に対する動機づけの概念に注目した。第1章において，友人関係の形成・維持過程の自律的動機づけモデルを提唱し，第2章から第4章でモデルの検証を行った。第6章では，これまで明らかにされた研究知見をもとに，第1章で提示した親密な友人関係の形成・維持過程の自律的動機づけモデルがどこまで支持されたかを述べる。また，本書の意義について，友人関係研究と動機づけ研究のそれぞれの観点から論じる。本書では自己決定理論をもとに研究を進めてきたが，近年では他の動機づけ理論の枠組みからも，友人関係に対する動機づけを捉えようとする研究も行われている。そのなかで，達成目標理論，社会的目標理論，自己効力感理論を取り上げ，その理論的背景と実証研究を紹介する。最後に，本書の課題を整理し，友人関係に対する動機づけ研究の方向性を示す。

2．知見の要約

　第2章から第5章までの研究知見の概要を Table 6-1に示す。第2章では，友人関係に対する動機づけを測定するための尺度を作成し，その妥当性と信頼性を多面的に検討した。その結果，構成概念妥当性や弁別的妥当性などの観点から妥当性が示され，内的整合性や再検査信頼性の観点から信頼性が示された。また，青年期における動機づけの発達差を探るために，中学生，高校生，大学生の比較を行った。中学生において自律的動機づけが高い傾向がみられたが，その差は小さかった。

　第3章では，友人関係に対する動機づけと友人とのかかわりとの関連を検討した。その結果，自律的動機づけ，特に同一化的調整の高さが，向社会的行動や自己開示の多さ，攻撃性の低さと関連していた。初対面の他者との相互作用場面においては，自律的動機づけの高いものは，相手に親和傾向を示し，関係

▶Table 6-1　研究知見の概要

章	研究	結果の概要
第2章	研究1	友人関係に対する動機づけ尺度を作成し，その妥当性と信頼性を検討した。確認的因子分析，下位尺度間の単純構造，他の変数との関連から一定の妥当性を有することが示された。また，α係数，3週間後の再検査信頼性から，一定の信頼性を有することが示された。
第2章	研究2	友人関係に対する動機づけ尺度の弁別的妥当性を検討した。学習に対する動機づけ尺度との関連，大学生活への適応感に対する予測力の点から，弁別的妥当性が示された。
第2章	研究3	青年期における友人関係に対する動機づけの発達差を検討した。中学生で，同一化的調整と内発的動機づけが高い傾向がみられたが，学校段階による差は全体的に小さかった。
第3章	研究4	友人関係に対する動機づけと向社会的行動，友人充実感との関連を検討した。自律的動機づけ，特に同一化的調整が向社会的行動の多さと関連し，向社会的行動の多さが友人充実感の高さと関連することが示された。
第3章	研究5	友人関係に対する動機づけと自己開示，学校享受感との関連を検討した。同一化的調整は表面的開示，内面的開示の多さと関連し，内発的動機づけは表面的開示の多さと関連していた。また，内面的開示の多さ，内発的動機づけの高さが学校享受感と関連していた。
第3章	研究6	友人関係に対する動機づけと攻撃性，自尊心との関連を検討した。自律的動機づけが短気と敵意の低さ，敵意の低さ，言語的攻撃の高さと関連していた。取り入れ的調整が短気と敵意の高さと関連し，同一化的調整が敵意の低さと関連し，内発的動機づけが言語的攻撃の高さと関連した。また，言語的攻撃の高さと敵意の低さが自尊心と関連した。
第3章	研究7	友人関係形成の初期場面として，初対面の他者との相互作用場面における親和傾向と動機づけとの関連について検討した。初対面の他者と関わる際，自律的動機づけ（同一化的調整，内発的動機づけ）の高いものは，相手に対する注視が多く，関係継続を望んでいた。
第4章	研究8	友人関係に対する動機づけと学業的援助要請，友人充実感，学習充実感との関連を検討した。自律的動機づけの高さは，学業的援助要請の多さを予測し，学業的援助要請の多さは，友人充実感と学習充実感の高さを予測した。
第4章	研究9	友人関係に対する動機づけと，友人との学習活動，友人充実感，学習充実感との関連を検討した。学習に対する自律的動機づけが援助提供を予測したのに対し，友人関係に対する自律的動機づけは，援助要請と相互学習の多さを予測した。また，相互学習の多さは学習充実感と友人充実感の両方を予測した。
第5章	研究10	報酬の顕現化が友人関係に対する動機づけに及ぼす影響を検討した。実験操作によって，親友との関係がもつ外的報酬の側面を強調する条件（外発条件）と，親友に対する興味を強調する条件（内発条件）を作り出した。その結果，内発条件に比して，外発条件では親友との関係に対する内発的動機づけの一側面である愛情が低下した。
第5章	研究11	日常の受容・拒絶経験と友人関係に対する動機づけとの関連を検討した。受容経験の多さは，同一化的調整や内発的動機づけと関連した。
第5章	研究12	日常の友人関係イベントと感情経験，友人関係に対する動機づけとの関連を検討した。旧友との再会や関係の形成，活動の共有は活動的快を高め，不和・関係の悪化は敵意や抑うつ・不安を高めていた。活動的快は，内発的動機づけや同一化的調整と正の関連があり，敵意は内発的動機づけと負の関連があった。

の継続を望んでいた。また，自律的動機づけが，友人とのかかわりを通して，友人関係に対する充実感や学校適応，自尊心などを高めるという関連もみられた。これらの結果は，友人関係に対する自律的動機づけが，友人との肯定的なかかわりを促し，否定的なかかわりを抑制することによって，親密な関係の形成・維持に寄与するというモデルを支持するものである。

　第4章では，学習場面において友人関係に対する動機づけがどのような働きをするかについて検討した。その結果，友人関係に対する動機づけは，学業的援助要請や相互学習といった友人との学習活動の多さと関連し，また友人との学習活動は学習と友人関係の両方に対する充実感と関連していた。これらの結果は，学習場面においても，友人関係に対する動機づけが重要な役割を果たしていることを示唆するものである。

　第5章では，友人関係に対する動機づけの背景要因として，外的報酬の顕現化の効果と，友人関係におけるライフ・イベントとの関連について検討した。友人関係がもつ外的報酬の側面を顕現化することによって，友人に対する内発的動機づけが低下することが示された。このことは，友人関係に対する動機づけが，個人の外にある社会的要因の影響を受けて変化し得ることを示唆している。また，受容経験や旧友との再会，活動の共有は自律的動機づけの高さと関連し，不和・関係の悪化は自律的動機づけの低さと関連を示した。この結果は，一度関係が形成された友人とのかかわりや相互作用が，循環的に動機づけに影響することを示唆している。

　以上の結果を，第1章で提示したモデルに即してまとめたものがFigure 6-1である。必ずしも十分な検討ができなかった部分もあるが，概ねモデルに沿う結果が得られた。友人関係に対する自律的動機づけによって，友人との積極的なかかわりが促され，その結果として適応を支える親密な友人関係が形成・維持されるというプロセスの一端が示されたといえるだろう。

3．本書の意義

（1）友人関係研究における意義

　これまでの友人関係に関する研究では，友人関係と適応や精神的健康との関連が繰り返し指摘されてきた。多くの研究から，親密な友人関係が精神的健康

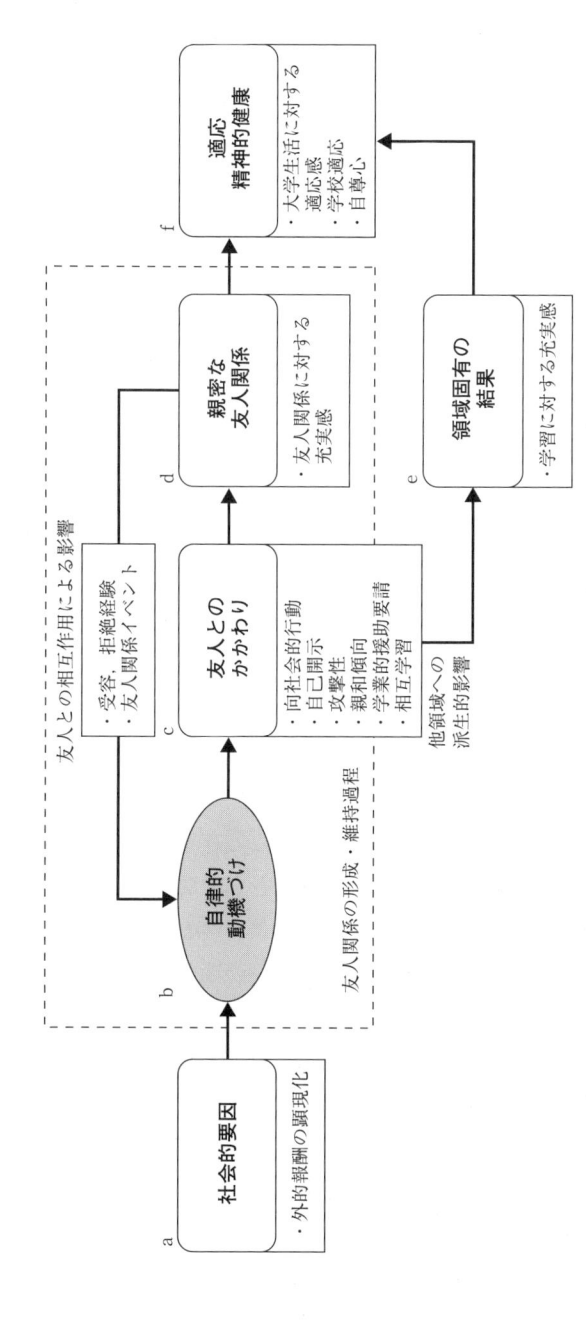

第6章　動機づけの視点からみた友人関係

```
         友人との相互作用による影響
      ┌─────────────────────────────┐
      │   ・受容・拒絶経験              │
      │   ・友人関係イベント            │
      │                                │
 ┌────┐    ┌──────┐    ┌──────┐    ┌──────┐
 │社会的│    │友人との│    │親密な │    │適応  │
 │要因  │ →  │かかわり│ →  │友人関係│ →  │精神的健康│
 │      │    │        │    │        │    │      │
 │・外的│    │・向社会的│  │・友人関係│  │・大学生活に対する│
 │報酬の│    │　行動   │   │　に対する│   │　適応感│
 │顕現化│    │・自己開示│  │　充実感 │   │・学校適応感│
 └──────┘    │・攻撃性 │   └──────┘    │・自尊心│
   a         │・親和傾向│     d         └──────┘
             │・学業的援助│                 f
     ↑       │　助要請 │
             │・相互学習│
   ┌──────┐ └──────┘
   │自律的 │     c
   │動機づけ│           他領域への
   └──────┘           派生的影響      ┌──────┐
     b                    ↓           │領域固有の│
                                       │結果    │
              友人関係の形成・維持過程  │・学習に対する│
                                       │　充実感│
                                       └──────┘
                                           e
```

▷Figure 6-1　親密な友人関係の形成・維持過程の自律的動機づけモデルと本書の研究知見

153

を高め，適応的に生きていくための支えとなることが示されてきた（Hartup & Stevens, 1997）。しかし，そのような親密な友人関係を人がどのように築いていくのか，また適応的な友人関係を築いている人とそうでない人との差異がどのように生じているのかについては，あまり検討がなされてこなかった。

友人関係の形成・維持に影響するものとして，これまで検討されてきた数少ない要因の1つは社会的スキルであった。人とかかわるうえでの適切なスキルをもつ者が，肯定的な友人関係を築いているという説明がなされていたように思われる。そして，社会的スキル・トレーニングに代表されるように，社会的スキルを教授することによって，友人関係の形成を支援しようという試みがなされてきた（相川，2000；Asher et al., 1996；Bierman & Powers, 2009）。しかし，社会的スキル・トレーニングの問題点として，(a) トレーニングであるがゆえに関係の形成に対して外発的な動機づけになりやすい，(b) 社会的スキルを獲得しても友人とかかわろうという意志がなければ効果が期待できない，という2つが考えられた。

以上のような問題意識を背景として，本書では，友人関係に対する動機づけという視点を導入し，人が適応の支えとなる親密な関係を築いていく過程をモデル化し，実証的な検討を行った。これまでの友人関係研究では，親密さや信頼感，自己開示，援助性など友人関係がもつ様々な特徴が明らかにされてきたが（Berndt & Keefe, 1995；Furman, 1996；楠見・狩野，1986），友人関係を動機づけの観点から捉えた研究はこれまでほとんど存在しなかった。本書で提示したモデルによって，適応の支えとなる親密な友人関係を築いている人とそのような関係を築いていない人との相違を，動機づけの違いという点から理解することが可能になった。友人関係の形成・維持の問題に対して，自律的動機づけという1つの回答を与えたことが本書の意義である。

また，適切に自己開示を行うことや友人に対して援助的にかかわること，あるいは必要に応じて援助を求めることは，社会的スキルの重要な一側面であるとされている（相川，2000）。本書では，こういった側面に対して，友人関係に対する動機づけが関連していることを明らかにした。このことから，友人関係に対して自律的な動機づけをもつことは，獲得した社会的スキルを活用して他者とかかわる際の背景要因となっている可能性が考えられる。スキルを教授

することに加えて，どのような動機づけをもって友人とかかわろうとしているかにも注目することが必要である。

　ただし，友人関係を動機づけの視点から捉えたとしても，直接的に友人関係に対する支援につながるわけではない。本書の第5章では，外的報酬の顕現化が親友に対する動機づけに影響し得ることが示されたが，様々な要因が複雑に絡み合う現実場面において，特定の側面だけを操作することは不可能である。また，友人関係は同年代の者同士で構成された閉鎖的な関係であることも少なくない。そのため，安易に外側からサポートを行おうとしてもうまくいかない場合が多いだろう。本書で示されたのは，動機づけに注目することで，友人とのかかわりやその先にある関係の形成・維持が理解しやすくなるということであり，また仮に友人関係を支えようとした場合に，動機づけの側面にも注目することが有意義だということである。

（2）動機づけ研究における意義

　これまでの動機づけ研究では，達成領域が中心的な関心の対象であった。近年では，社会的側面や対人的文脈に対する注目が高まっており（松岡，2003；Urdan & Schoenfelder, 2006），社会的動機づけという用語のもとに研究知見の蓄積が進んでいる。以下に紹介する達成目標理論や自己効力感理論に基づく研究も，この流れの中に位置づけることができる。本書では，自己決定理論の枠組みを用いて，動機づけを基点に親密な友人関係の形成・維持過程を捉えるモデルを提示した。自己決定理論では，学習やスポーツなどの達成領域をはじめとして，多岐にわたる領域での動機づけを検討の対象とし，多くの知見を生み出してきた。対人関係面での動機づけに関してもこれまでいくつかの研究が行われてきたが（Blais et al., 1990；Hodgins et al., 1996；Ryan, La Guardia, Solky-Butzel, Chirkov, & Kim, 2005），友人関係に特化した研究は少なかった。本書では，友人関係に対する動機づけを測定するための尺度を作成し，自己決定理論による理論的予測のもとにその妥当性を明らかにした。また，複数の研究から，友人関係においても自律的動機づけが重要な役割を果たしていることを示した。このことは，自律性を人間の基本的欲求の1つとして位置づけ，自律的動機づけが適応にとって不可欠であるとする自己決定理論の主張（Ryan & Deci, 2002；Vallerand & Ratelle, 2002）にも合致するものであり，その適用範

囲を拡張した点で意義があると考えられる。

　社会的動機づけに関する研究は，近年その数が急速に増えてきている。しかし，研究数はまだ少なく，十分な知見が蓄積されているとはいえない。そのような現状にあって，本書で検証した友人関係の形成・維持過程の自律的動機づけモデルは，対人関係面での動機づけを検討する際の足掛かりとなり得るものである。本書の知見は，友人関係の形成や維持を動機づけの観点から捉え，一連のモデルとして位置づけた先駆的な研究としての意義がある。今後，本書で提唱したモデルをもとに，さらに知見を蓄積していくことで，対人関係面での動機づけに関する研究領域を発展させていくことが期待される。

第2節　友人関係に対する動機づけを扱った諸研究

1．達成目標理論

　達成目標理論（achievement goal theory：Dweck & Leggett, 1988；Nicholls, 1984）は，達成場面で個人がもつ目標志向性の観点から動機づけを捉えたものである。この理論では，達成場面における目標を熟達目標（mastery goal）と遂行目標（performance goal）とに大別している。熟達目標は，学習や理解を志向し，個人内の基準に基づいて自己を改善することに焦点化する目標である。遂行目標は，自身の能力を示すことや自己価値の維持を志向し，他者を凌ぐことに焦点化する目標である。近年では，他者に能力を示すことで自己価値を高めようとする遂行－接近目標（performance-approach goal）と，無能さが露呈するのを避けることで自己価値の低下を防ごうとする遂行－回避目標（performance-avoidance goal）に区分されている（Elliot & Harackiewicz, 1996）。

　これらの目標志向性が友人関係などの社会的場面にも適用可能であることは，早くから指摘されていた（Dweck & Leggett, 1988）。近年では，社会的場面での目標志向性を実証的に扱う研究がみられる（Erdley, Cain, Loomis, Dumas-Hines, & Dweck, 1997；Horst, Finney, & Barron, 2007；黒田・桜井, 2001；Ryan & Shim, 2006）。Ryan, Kiefer, & Hopkins（2004）は，達成場面での目標

に対応させ,社会的場面における目標志向性を概念化している。社会的熟達目標は,肯定的な友人関係を築くことに焦点化し,関係それ自体を目的として行動する目標である。社会的遂行－接近目標は,他者からの肯定的な評価や人気を得ることに焦点化し,社会的な有能さを示すために行動する目標である。社会的遂行－回避目標は,他者からの否定的な評価を避けることに焦点化し,社会的な能力の低さを示さないように行動する目標である。社会的熟達目標は,他者との肯定的な関係（Horst et al., 2007；Ryan & Shim, 2006），向社会的行動（Ryan & Shim, 2008），ウェルビーイング（Ryan & Shim, 2006）との関連が示されている。社会的遂行－接近目標は,攻撃性（Ryan & Shim, 2008）と関連し,社会的遂行－回避目標は,社会的心配（Ryan & Shim, 2006），人気のなさ（Ryan & Shim, 2008），完全主義（Shim & Fletcher, 2012）と関連することが示されている。他に,接近－回避の次元に特化して友人関係に対する目標を捉えた研究もある。友人関係における肯定的な結果を志向する接近目標は,友人関係の満足感を高め,孤独感を低減させることが明らかにされている（Elliot, Gable, & Mapes, 2006；Gable, 2006）。

2．社会的目標理論

　達成目標理論は主に理由の観点に注目しているのに対して,友人関係に対する目標を内容の観点から捉え,複数の目標カテゴリーを設定するアプローチもある。この方法は,Wentzel（1989）やFord（1982）による社会的目標の分類にみられるものである。Jarvinen & Nicholls（1996）は,中学生が友人関係に対してもつ目標を分類し,支配,親密,養護,リーダーシップ,人気,回避の6つの目標を見出し,親密目標と養護目標は,友人関係に対する充実感と正の関連を示すことを報告している。Patrick, Anderman, & Ryan（2002）は,友人関係に対する目標として,親密な友人関係を築こうとする親密目標と他者からの人気を得ようとする地位目標の2つを挙げている。Salmivalli, Ojanen, Haanpää, & Peets（2005）は,小学生を対象とした調査から,権力や他者からの尊敬を獲得しようとする作用目標（agentic goal），他者からの怒りを避けようとする服従目標,他者と親密な関係を築こうとする共同目標（communal goal），他者と一定の距離を置こうとする分離目標の組み合わせから,友人関

係に対する目標を捉えている。このなかで，共同目標は向社会的行動を介して級友からの好意に影響することを明らかにしている。また，作用目標と分離目標からなる支配目標の高さが，自己愛傾向と身体的攻撃との関連を媒介することが報告されている（Ojanen, Findley, & Fuller, 2012）。

これらの社会的目標は学習面にも影響することが明らかにされている。Hicks (1997) は，青年期には学習に対する動機づけが低下する一方で，社会的側面に対する動機づけが高まることを指摘し，両者に密接な関連性があるとしている。Ryan, Hicks, & Midgley (1997) は，小学5年生を対象とした調査で，社会的地位目標が高い児童ほど，学業的援助要請を脅威に感じ，実際に援助要請を回避しやすいことを明らかにしている。

3．自己効力感理論

社会的認知理論（social cognitive theory：Bandura, 1986）では，個人要因，環境要因，行動の相互作用によって人が機能することを想定している。自己効力感は，このなかの個人要因にあたり，望んでいる結果を生み出すのに必要な行動をどの程度うまくできるかの確信度を示す。学習に対する自己効力感は，課題選択や努力量，学業達成に影響することが知られている（Multon, Brown, & Lent, 1991；Schunk, 1995；Schunk & Pajares, 2002）。

自己効力感の概念は早くから社会的場面に適用され，主に児童を対象に友人や仲間との相互作用に対する自己効力感が検討されてきた（Perry, Perry, & Rasmussen, 1986；Wheeler & Ladd, 1982）。松尾・新井（1998）は，対人的自己効力感を「対人的場面において適切な社会的行動を遂行することが，どの程度自分に可能かについての主観的な評価」と定義し，友人との社会的相互作用に対する効力感を測定する尺度を作成している。Matsushima & Shiomi (2003) は，中高生の友人関係に対する効力感を，関係に対する自信，友人に対する信頼，友人からの信頼という3側面から測定している。Wei, Russell, & Zakalik (2005) は，大学生を対象に，愛着不安が社会的自己効力感を介して孤独感や抑うつに影響するプロセスを明らかにしている。

学習面に関しては，Bandura, Barbaranelli, Caprara, & Pastorelli (1996) が，社会的効力感の高さが学業面での熱意を予測することを明らかにしている。ま

た，Patrick, Hicks, & Ryan（1997）は，社会的効力感の高さが，学習に対する効力感の高さにつながることを明らかにしている。さらに，仲間との関係に対する社会的効力感の高さは，仲間との相互作用を促そうとする教師の働きかけの効果を媒介し，課題に関する相互作用を高めることが明らかにされている（Patrick, Ryan, & Kaplan, 2007）。

第3節　友人関係に対する動機づけ研究のこれから

1．本書の課題と今後の研究の方向性

　本書では，友人関係に対する動機づけを鍵概念として，親密な友人関係の形成・維持過程を捉えるモデルを検証してきた。合計12の研究を通して，人が親密な友人関係を築いていくプロセスの一端を捉えることができたと思われる。その一方で，本書で行った研究には多くの問題と課題も残されている。個々の研究についての課題は各章で述べてきたので，ここでは本書全般にかかわる課題を3つ挙げたい。

　1つ目に，友人関係における双方向性を直接的に検討できていない点が挙げられる。本書のモデルでは，個人がもつ動機づけが親密な友人関係や適応に影響することを想定していた。自己開示や向社会的行動といった友人とのかかわりには，返報性の存在が明らかにされていることと（Barry & Wentzel, 2006；大坊，1996；岡田他，2005），関係を築いていく第一歩として自ら積極的にかかわっていく姿勢が重要であると考えたことから，本書では自ら行う友人とのかかわりに注目した。しかし，友人関係は2者あるいはそれ以上の人数によって成り立つものであり，個人がもつ動機づけのみによって規定されるものではない。例えば，恋人との関係に対する動機づけを検討したBlais et al.（1990）では，自身の動機づけだけでなく，恋人がもつ自律的動機づけが自身の精神的健康に影響することを報告している。また，友人からの自律性支援と適応との関連を検討したDeci et al.（2006）は，自身が相手の自律性を支援することに加えて，相手が行う自律性支援が自身の適応や友人関係に対する満足

感を高めることを報告している。これらの知見を考慮すれば，個人の動機づけだけでなく，友人側の動機づけや友人が行う自己開示などを同時にモデルに組み込むことも必要であると考えられる。友人関係の双方向性を捉えてモデルをさらに改良していくことが今後の課題である。

　2つ目に，動機づけの背景要因について十分な検討ができていない点が挙げられる。第5章では，友人関係に対する動機づけの背景要因について検討し，外的報酬の顕現化の操作や友人関係におけるライフ・イベントの影響が示唆された。これらの知見は，様々な要因によって友人関係に対する動機づけが変化し得ることを示している。友人関係に対する動機づけを高めることで，友人関係や適応を支援しようというような短絡的な介入方法に結びつけることはできないが，友人関係に対する動機づけに影響し得る要因については，さらに理解を深めておくべきであると考えられる。例えば，学習に対する動機づけに影響する要因に関しては，教師行動（Deci, Schwartz, Sheinman, & Ryan, 1981；Reeve, 2006），教室の目標構造（Ames, 1992；Meece, Anderman, & Anderman, 2006），学校風土（Roeser, Urdan, & Stephens, 2009）など，環境的な要因について研究が行われている。こういった環境のなかで，友人関係に対する動機づけがどのように変化し得るのかについて明らかにすることは，環境設定を考えるうえで重要なヒントを与えるものとなる。人が親密な関係を築いていけるような環境を設定するために，動機づけの背景要因についてさらに検討していくことが必要である。

　3つ目に，友人関係の形態や詳細な特徴を考慮していない点が挙げられる。本書では，主に全般的な友人関係を対象として研究を進めてきた。このことは，人が親密な友人関係を築いていく一般的なプロセスを概括的に捉える点では意義がある。その一方で，友人関係の多様さや個別性については，ほとんど考慮できていない。友人関係には様々な形態があり得るし，同じ個人内でも相手によって関係のあり方やかかわり方が異なることは十分に考えられる。本書のように友人関係全般として測定する方法に加えて，個々の友人との関係について測定する方法を併用しながら研究を進めていくことが有意義である。また，近年ではIT技術の発展に伴って，友人関係の様態が変化している部分もある。携帯電話やSNSの普及によって，新たな友人関係のあり方が生まれ，同時に

これまでになかった問題が出てきていることを指摘する声もある（土井, 2008；山脇, 2010）。学術的な研究面でも, 携帯電話が友人関係のあり方に及ぼす影響を検討した知見や（赤坂・坂元, 2008；辻, 2011), オンライン上の友人関係の特徴を明らかにしようとする試みが増えてきている（Valkenburg & Peter, 2007；Wilson, Gosling, & Graham, 2012）。友人関係をより多様に捉えたうえで, その形成・維持過程において動機づけが果たす役割を検討していくことが課題である。

2. 動機づけの視点からみた友人関係

現代の青年を取り巻く様々な問題に対して, 現代的な友人関係のあり方や特徴が指摘されることが多い。一方で, 古くから多くの人が理想的な友人関係のあり方や友情の意味を考えてきたことを考えれば, 友人関係の問題は必ずしも現代特有のものだとは思われない。杉本（2004）は, 友人関係の希薄化を言説として扱い, 希薄化を主張する論の多くが現代の若者のメンタリティを拡大して捉えていることを指摘している。いずれにせよ, 近年では, 教育場面をはじめとする様々なところで友人関係の問題が指摘され, 友人関係をサポートしようという試みが行われているのが現状である。

友人関係を外側から支えようという試みをいかに実践するかは, 慎重に検討すべきである。本書で示したのは, 親密な友人関係の形成や維持に対して, 内発的動機づけで特徴づけられるような自律的な動機づけが大きくかかわっているということであった。外的に強いられて, あるいは何かの報酬を目的として友人とかかわるような外発的な動機づけではなく, ただ単に友人とかかわるのが楽しいから, 友人の存在が自分にとって重要であるからといったような自律的な動機づけが重要なのである。友人関係をサポートしようとする試みや教育的介入が, 外発的な動機づけになっていないかはよく考えるべき問題である。友人関係が大切であると伝えるときに, 自分の適応や地位を確保するために大切だというような手段的なメッセージとして伝わっていないかに注意することも必要かもしれない。また, 友人とかかわるスキルを教授するだけでなく, どのような動機づけをもって友人とかかわろうとしているかにも注目したい。

本書の知見は, 直接的な介入方法や支援方法につながるものではない。あく

までも友人関係を理解するための1つの視点を提起したにすぎない。しかし，現代の友人関係にかかわる問題，あるいはその捉え方や対応の仕方を考えたとき，動機づけは非常に有効な視点であると思われる。動機づけという視点を足掛かりとして，友人関係をより多様かつ広範に捉える研究や論考あるいは実践が増えていくことを期待する。

第 6 章　動機づけの視点からみた友人関係

Summary

　第 6 章では，これまでの研究結果をまとめて，自律的なモチベーションを基点として親密な友人関係が形成・維持されるプロセスについて考えました。各章で示されてきた研究結果と第 1 章で示されたモデルとの対応を確認していきましょう。
　第 1 章で示したモデルでは，自律的なモチベーションが友人とのかかわりを促すことが想定されていました。本書では，自律的なモチベーションは，向社会的行動や自己開示の高さと関連し，また攻撃性の低さと関連していました。また，向社会的行動が友人関係の充実感につながることや，自己開示が学校適応を高めること，攻撃性の低さが自尊心と関連することも示されました。これらのことから，楽しさや重要性から友人とかかわろうとするモチベーションは，友人との肯定的なかかわりを促すことで，適応や精神的健康を支える親密な友人関係につながるといえるでしょう。
　友人関係に対するモチベーションは，友人関係以外の領域や場面に対しても影響を及ぼすことが想定されていました。本書では，学習場面を取り上げて，友人関係に対するモチベーションの役割を考えました。第 4 章では，自律的なモチベーションをもつ生徒ほど，友人に対して援助を求めたり，協力して学習することが多く，その結果として友人関係にも学習面にも満足していました。友人関係に対してどのようなモチベーションもっているかが，学習場面での行動にも影響するようです。
　友人関係に対するモチベーションの背景にある要因として，社会的要因と友人との相互作用が想定されていました。本書では，友人関係がもつ報酬的側面を意識化させることで，内発的動機づけが低下することが示唆されました。また，友人とのかかわりが後のモチベーションと関連していることも示されました。友人関係に対するモチベーションは，必ずしも固定的なものではなく変化する面もあるといえます。
　本書で示されたことを簡単にまとめると，「親密な友人関係を築くためには自分から積極的にかかわろうとするモチベーションが大切である」となります。こう言ってしまうと，ずいぶん当たり前のことのように思えます。取り立てていうまでもなく，多くの人は友だちとの関係そのものを大切にし，楽しみながら付き合っているでしょう。一方で，その当たり前を改めて考えてみることも必要かもしれません。かかわり方の技術面だけに目を向け，そもそも友人とかかわる意欲をもてているのかどうかを見過ごしていないでしょうか。あるいは，「友人の存在は大切です」や「お互いに助け合える関係を築きましょう」というメッセージは，外発的なモチベーションになっていないでしょうか。友人とかかわること自体が自分にとって楽しく大切なものである。そういったモチベーションこそが，友人関係のスタート地点だということを，改めて確認しておきたいと思います。

【出典一覧】

　本書で掲載されている研究は，以下の学術論文もしくは学会発表として公表されたものを加筆，修正したものです。

◆第1章，第6章

岡田　涼（2008）．親密な友人関係の形成・維持過程の動機づけモデルの構築　教育心理学研究，**56**，575-588．

◆第2章

岡田　涼（2005）．友人関係への動機づけ尺度の作成および妥当性・信頼性の検討―自己決定理論の枠組みから　パーソナリティ研究，**14**，101-112．

岡田　涼（2006）．学習への動機づけと友人関係への動機づけとの補償効果―大学生活への適応感に及ぼす影響　学校カウンセリング研究，**8**，9-16．

岡田　涼（2006）．青年期における友人関係への動機づけの発達的変化―横断的データによる検討　名古屋大学大学院教育発達科学研究科紀要（心理発達科学），**53**，133-140．

◆第3章

岡田　涼（2006）．自律的な友人関係への動機づけが自己開示および適応に及ぼす影響　パーソナリティ研究，**15**，52-54．

Okada, R. (2012). Friendship motivation, aggression, and self-esteem in Japanese undergraduate students. *Psychology*, **3**, 7-11.

岡田　涼・中山留美子（2011）．友人関係の形成初期場面における動機づけと親和傾向，感情との関連―自己決定理論の枠組みから　感情心理学研究，**19**，28-33．

◆第4章

Okada, R. (2007). Motivational analysis of academic help-seeking: Self-determination in adolescents' friendship. *Psychological Reports*, **100**, 1000-1012.

岡田　涼（2008）．友人との学習活動における自律的な動機づけの役割に関する研究　教育心理学研究，**56**，14-22．

◆第5章

岡田　涼（2008）．外的報酬の顕現化が親友との関係に対する内発的動機づけに及ぼす影響　日本グループ・ダイナミックス学会第55回大会発表論文集，136-137．

岡田　涼（2008）．友人関係場面における感情経験と自律的な動機づけとの関連―友人関係イベントの分類　パーソナリティ研究，**16**，247-249．

岡田　涼（2010）．受容・拒絶経験が友人関係に対する動機づけに及ぼす影響　日本発達心理学会第21回大会発表論文集，419．

引用文献

阿部千春（2009）．友だち関係をつくる―いじめ予防のためにまとまりのあるクラスをつくるエクササイズ　児童心理, 63, 72-77.

Adler, T., & Furman, W. (1988). A model for children's relationships and relationship dysfunctions. In S. W. Duck (Ed.), *Handbook of personal relationships: Theory, research, and interventions.* London: Wiley. pp. 211-229.

相川　充（1992）．大学生における孤独感と自尊心，シャイネス，社会的スキルとの関係　宮崎大学教育学部紀要（教育科学), 72, 15-26.

相川　充（2000）．人づきあいの技術：社会的スキルの心理学　サイエンス社

赤坂瑠以・坂元　章（2008）．携帯電話の使用が友人関係に及ぼす影響―パネル調査による因果関係の推定　パーソナリティ研究, 16, 363-377.

Ames, C. (1992). Classrooms: Goals, structures, and student motivation. *Journal of Educational Psychology*, 84, 261-271.

Anderman, L. H. (1999). Expanding the discussion of social perceptions and academic outcomes: Mechanisms and contextual influences. In T. Urdan (Ed.), *Advances in motivation and achievement, Vol.11.* Greenwich, CT: JAI Press. pp. 303-336.

Anderman, L. H., & Freeman, T. M. (2004). Students' sense of belonging in school. In P. R. Pintrich & M. L. Maehr (Eds.), *Advances in Motivation and Achievement: Vol.13. Motivating students, improving schools: The legacy of Carol Midgley.* Greenwich, CT: JAI Press. pp. 27-63.

安藤明人・曽我祥子・山崎勝之・島井哲志・嶋田洋徳・宇津木成介・大芦　治・坂井明子（1999）．日本版 Buss-Perry 攻撃性質問紙（BAQ）の作成と妥当性，信頼性の検討　心理学研究, 70, 384-392.

安藤清志（1990）．〈自己の姿の表出〉の段階　中村陽吉（編）〈自己過程〉の社会心理学　東京大学出版会　pp. 143-198.

新井邦二郎・佐藤　純（2000）．児童・生徒の自己決定意識尺度の作成　筑波大学心理学研究, 22, 151-160.

Asher, S. R., Parker, J. G., & Walker, D. L. (1996). Distinguishing friendship from acceptance: Implications for intervention and assessment. In W. M. Bukowski, A. F. Newcomb, & W. W. Hartup (Eds.), *The company they keep: Friendship in childhood and adolescence.* New York: Cambridge University Press. pp. 366-405.

Atkinson, J. W., & Feather, N. T. (1966). *A theory of achievement motivation.* New York: Wiley.

Bandura, A. (1986). *Social foundations of thought and action: A social cognitive theory.* Englewood Clifts, NJ: Prentice Hall.

Bandura, A. (1997). *Self-efficacy: The exercise of control.* New York: Freeman.

Bandura, A., Barbaranelli, C., Caprara, G. V., & Pastorelli, C. (1996). Multifaceted impact of self-efficacy beliefs on academic functioning. *Child Development,* **67**, 1206-1222.

Barefoot, J. C., Dahlstrom, W. G., & Williams, R. B. Jr. (1983). Hostility, CHD incidence, and total mortality: A 25-year follow-up study of 255 physicians. *Psychosomatic Medicine,* **45**, 59-63.

Baron, R. M., & Kenny, D. A. (1986). The moderator-mediator variable distinction in social psychological research: Conceptual, strategic, and statistical considerations. *Journal of Personality and Social Psychology,* **51**, 1173-1182.

Barrett, L. F., Robin, L., Pietromonaco, P. R., & Eyssell, K. M. (1998). Are women the "more emotional" sex?: Evidence from emotional experiences in social context. *Cognition and Emotion,* **12**, 555-578.

Barry, C. M., & Wentzel, K. R. (2006). Friend influence on prosocial behavior: The role of motivational factors and friendship characteristics. *Developmental Psychology,* **42**, 153-163.

Baumeister, R. F., & Leary, M. R. (1995). The need to belong: Desire for interpersonal attachments as a fundamental human motivation. *Psychological Bulletin,* **117**, 497-529.

ベネッセ教育研究開発センター (2010). 第2回子ども生活実態基本調査報告書―小学生・中学生・高校生を対象に

Berg, J. H. (1984). The development of friendship between roommates. *Journal of Personality and Social Psychology,* **46**, 346-356.

Berndt, T. J. (1996). Exploring the effects of friendship quality on social development. In W. M. Bukowski, A. F. Newcomb, & W. W. Hartup (Eds.), *The company they keep: Friendship in childhood and adolescence.* New York: Cambridge University Press. pp. 346-365.

Berndt, T. J. (1999). Friends' influence on students' adjustment to school. *Educational Psychologist,* **34**, 15-28.

Berndt, T. J., & Keefe, K. (1995). Friends' influence on adolescents' adjustment to school. *Child Development,* **66**, 1312-1329.

Berndt, T. J., Laychak, A. E., & Park, K. (1990). Friends' influence on adolescents' academic achievement motivation: An experimental study. *Journal of Educational Psychology,* **82**, 664-670.

Bierman, K. L., & Powers, C. J. (2009). Social skills training to improve peer relations. In K. H. Rubin, W. M. Bukowski, & B. Laursen (Eds.), *Handbook of peer interactions, relationships, and groups.* New York: Guilford Press. pp. 603-621.

Birch, S. H., & Ladd, G. W. (1996). Interpersonal relationships in the school environment and children's early school adjustment: The role of teachers and peers. In J. Juvonen & K. R. Wentzel (Eds.), *Social motivation: Understanding children's school adjustment.* New York: Cambridge University Press. pp. 199-225.

Blais, M. R., Sabourin, S., Boucher, C., & Vallerand, R. J. (1990). Toward a motivational model of couple happiness. *Journal of Personality and Social Psychology*, **59**, 1021-1031.

Boggiano, A. K., Klinger, C. A., & Main, D. S. (1986). Enhancing interest in peer interaction: A developmental analysis. *Child Development*, **57**, 852-861.

Boiché J. C. S., & Sarrazin, P. G. (2007). Self-determination of contextual motivation, inter-context dynamics and adolescents' patterns of sport participation over time. *Psychology of Sport and Exercise*, **8**, 685-703.

Brown, B. B., Clasen, D. R., & Eicher, S. A. (1986). Perceptions of peer pressure, peer conformity dispositions, and self-reported behavior among adolescents. *Developmental Psychology*, **22**, 521-530.

Buhrmester, D. (1990). Intimacy of friendship, interpersonal competence, and adjustment in preadolescence and adolescence. *Child Development*, **61**, 1101-1111.

Buhrmester, D., & Furman, W. (1986). The changing functions of friends in childhood: A neo-sullivanian perspective. In V. J. Derlega & B. A. Winstead (Eds.), *Friendship and social interaction*. New York: Springer-Verlag. pp. 41-62.

Buhrmester, D., Furman, W., Wittenberg, M. T., & Reis, H. T. (1988). Five domains of interpersonal competence in peer relationships. *Journal of Personality and Social Psychology*, **55**, 991-1008.

Bukowski, W. M., Boivin, M., & Hoza, B. (1994). Measuring friendship quality during pre-and early adolescence: The development and psychometric properties of the Friendship Qualities Scale. *Journal of Social and Personal Relationships*, **11**, 471-484.

Burk, W. J., & Laursen, B. (2005). Adolescent perceptions of friendship and their associations with individual adjustment. *International Journal of Behavioral Development*, **29**, 156-164.

Buss, A. H., & Perry, M. (1992). The aggression questionnaire. *Journal of Personality and Social Psychology*, **63**, 452-459.

Carstensen, L. L., Issacowitz, D. M., & Charles, S. T. (1999). Taking time seriously: A theory of socioemotional selectivity. *American Psychologist*, **54**, 165-181.

Chandler, C. L., & Connell, J. P. (1987). Children's intrinsic, extrinsic and internalized motivation: A developmental study of children's reasons for liked and disliked behaviours. *British Journal of Developmental Psychology*, **5**, 357-365.

Chantal, Y., & Vallerand, R. J. (1996). Skill versus luck: A motivational analysis of gambling involvement. *Journal of Gambling Studies*, **12**, 407-418.

Chantal, Y., Vallerand, R. J., & Valliéres, E. F. (1995). Motivation and gambling involvement. *The Journal of Social Psychology*, **135**, 755-763.

Chatzisarantis, N. L. D., Hagger, M. S., Biddle, S. J. H., Smith, B., & Wang, J. C. K. (2003). A meta-analysis of perceived locus of causality in exercise, sport, and physical education contexts. *Journal of Sport & Exercise Psychology*, **25**, 284-306.

Connolly, J. A., & Konarski, R. (1994). Peer self-concept in adolescence: Analysis of factor structure and of associations with peer experience. *Journal of Research on Adolescence*, **4**, 385-403.

Coyne, J. C. (1976). Depression and the response of others. *Journal of Abnormal Psychology*, **85**, 186-193.

Cunningham, J. A., & Strassberg, D. S. (1981). Neuroticism and disclosure reciprocity. *Journal of Counseling Psychology*, **28**, 455-458.

大坊郁夫（1996）．対人関係のコミュニケーション　大坊郁夫・奥田秀宇（編）親密な対人関係の科学　誠信書房　pp. 205-230.

d'Ailly, H. (2003). Children's autonomy and perceived control in learning: A model of motivation and achievement in Taiwan. *Journal of Educational Psychology*, **95**, 84-96.

deCharms, R. (1968). *Personal causation: The internal affective determinants of behavior.* New York: Academic Press.

Deci, E. L. (1971). Effects of externally mediated rewards on intrinsic motivation. *Journal of Personality and Social Psychology*, **18**, 105-115.

Deci, E. L., Koestner, R., & Ryan, R. M. (1999). A meta-analytic review of experiments examining the effects of extrinsic rewards on intrinsic motivation. *Psychological Bulletin*, **125**, 627-668.

Deci, E. L., La Guardia, J. G., Moller, A. C., Scheiner, M. J., & Ryan, R. M. (2006). On the benefits of giving as well as receiving autonomy support: Mutuality in close relationships. *Personality and Social Psychology Bulletin*, **32**, 313-327.

Deci, E. L., & Ryan, R. M. (1985). *Intrinsic motivation and self-determination.* New York: Plenum Press.

Deci, E. L., & Ryan, R. M. (1987). The support of autonomy and the control of behavior. *Journal of Personality and Social Psychology*, **53**, 1024-1037.

Deci, E. L., & Ryan, R. M. (2000). The "what" and "why" of goal pursuits: Human needs and the self-determination of behavior. *Psychological Inquiry*, **11**, 227-268.

Deci, E. L., & Ryan, R. M. (2012). Motivation, personality, and development within embedded social contexts: An overview of self-determination theory. In R. M. Ryan (Ed.), *The Oxford handbook of human motivation.* New York: Oxford University Press. pp. 85-107.

Deci, E. L., Ryan, R. M., Gagné, M., Leone, D. R., Usunov, J., & Kornazheva, B. P. (2001). Need satisfaction, motivation, and well-being in the work organizations of a former Eastern Bloc country: A cross-cultural study of self-determination. *Personality and Social Psychology Bulletin*, **27**, 930-942.

Deci, E. L., Schwartz, A. J., Sheinman, L., & Ryan, R. M. (1981). An instrument to assess adults' orientations toward control versus autonmoy with children. *Journal of Educational Psychology*, **73**, 642-450.

出口拓彦（2001）．グループ学習に対する教師の指導と児童による認知との関連　教育心理学研究, **49**, 219-229.

土井隆義（2008）．友だち地獄―「空気を読む」世代のサバイバル　ちくま新書

Dovidio, J. F., & Penner, L. A. (2004). Helping and altruism. M. B. Brewer & M. Hewstone (Eds.), *Emotion and motivation.* Oxford: Blackwell Publishing. pp. 247-280.

Dubow, E. F., Tisak, J., Causey, D., Hryshko, A., & Reid, G. (1991). A two-year longitudinal study of stressful life events, social support, and social problem-solving skills: Contributions to children's behavioral and academic adjustment. *Child Development*, **62**, 583-599.

Dweck, C. S., & Leggett, E. L. (1988). A social-cognitive approach to motivation and personality. *Psychological Review*, **95**, 256-273.

Elliot, A. J., Gable, S. L., & Mapes, R. R. (2006). Approach and avoidance motivation in the social domain. *Personality and Social Psychology Bulletin*, **32**, 378-391.

Elliot, A. J., & Harackiewicz, J. M. (1996). Approach and avoidance achievement goals and intrinsic motivation. *Journal of Personality and Social Psychology*, **70**, 461-475.

Elliot, A. J., & McGregor, H. (2001). A 2 × 2 achievement goal framework. *Journal of Personality and Social Psychology*, **80**, 501-509.

榎本博明・清水弘司（1992）．自己開示と孤独感　心理学研究，**63**，114-117．

Erdley, C. A., Cain, K. M., Loomis, C. C., Dumas-Hines, F., & Dweck, C. S. (1997). Relations among children's social goals, implicit personality theories, and responses to social failure. *Developmental Psychology*, **33**, 263-272.

Fernet, C., Guay, F., & Senécal, C. (2004). Adjusting to job demands: The role of work self-determination and job control in predicting burnout. *Journal of Vocational Behavior*, **65**, 39-56.

Fitzsimons, G. M., & Bargh, J. A. (2003). Thinking of you: Nonconscious pursuit of interpersonal goals associated with relationship partners. *Journal of Personality and Social Psychology*, **84**, 148-164.

Ford, M. E. (1982). Social cognition and social competence in adolescence. *Developmental Psychology*, **18**, 323-340.

藤井義久（1998）．大学生活不安尺度の作成および信頼性・妥当性の検討　心理学研究，**68**，441-448．

藤野京子（2000）．男子非行少年の交友関係の分析　教育心理学研究，**50**，403-411．

藤原武弘・黒川正流・秋月左都士（1983）．日本版 Love-Liking 尺度の検討　広島大学総合科学部紀要Ⅲ，**7**，265-273．

Furman, W. (1996). The measurement of friendship perceptions: Conceptual and methodological issues. In W. M. Bukowski, A. F. Newcomb, & W. W. Hartup (Eds.), *The company they keep: Friendship in childhood and adolescence*. New York: Cambridge University Press. pp. 41-65.

Furman, W., & Buhrmester, D. (1985). Children's perceptions of the personal relationships in their social networks. *Developmental Psychology*, **21**, 1016-1024.

Furman, W., & Buhrmester, D. (1992). Age and sex differences in perceptions of networks of personal relationships. *Child Development*, **63**, 103-115.

Furman, W., & Wehner, E. A. (1994). Romantic views: Toward a theory of adolescent romantic relationships. In R. Montemayor (Ed.), *Advances in adolescent development, Vol.6: Relationships in adolescence*. Newbury Park, CA: Sage. pp. 168-195.

Furrer, C., & Skinner, E. (2003). Sense of relatedness as a factor in children's academic

engagement and performance. *Journal of Educational Psychology, 95,* 148-162.
古市裕一・玉木弘之 (1994). 学校生活の楽しさとその規定要因　岡山大学教育学部研究集録, **96**, 105-113.
Gable, S. L. (2006). Approach and avoidance social motives and goals. *Journal of Personality, 74,* 175-222.
Gardner, W. L., Pickett, C. L., & Brewer, M. B. (2000). Social exclusion and selective memory: How the need to belong influences memory for social events. *Personality and Social Psychology, 26,* 486-496.
現代教育研究会 (2001). 不登校に関する実態調査—平成五年度不登校生徒追跡調査報告書　文部科学省委託調査研究
Gerevich, J., Bácskai, E., & Czobor, P. (2007). The generalizability of the Buss-Perry Aggression Questionnaire. *International Journal of Methods in Psychiatric Research, 16,* 124-136.
Gilman, R., & Anderman, E. M. (2006). The relationship between relative levels of motivation and intrapersonal, interpersonal, and academic functioning among older adolescents. *Journal of School Psychology, 44,* 375-391.
Ginsburg-Block, M. D., Rohrbeck, C. A., & Fantuzzo, J. W. (2006). A meta-analytic review of social, self-concept, and behavioral outcomes of peer-assisted learning. *Journal of Educational Psychology, 98,* 732-749.
Goodenow, C. (1993). Classroom belonging among early adolescent students: Relationships to motivation and achievement. *Journal of Early Adolescence, 13,* 21-43.
Goodenow, C., & Grady, K. E. (1993). The relationship of school belonging and friends' values to academic motivation among urban adolescent students. *Journal of Experimental Education, 62,* 60-71.
Gore, J. S., & Cross, S. E. (2006). Pursing goals for us: Relationally autonomous reasons in long-term goal pursuit. *Journal of Personality and Social Psychology, 90,* 848-861.
Goudas, M., Biddle, S., & Fox, K. (1994). Perceived locus of causality, goal orientations, and perceived competence in school physical education classes. *British Journal of Educational Psychology, 64,* 453-463.
Grolnick, W. S., Deci, E. L., & Ryan, R. M. (1997). Internalization within the family: The self-determination theory perspective. In J. E. Grusec & L. Kuczynski (Eds.), *Parenting and children's internalization of values: A handbook of contemporary theory.* New York: Wiley. pp. 135-161.
Grolnick, W. S., & Ryan, R. M. (1987). Autonomy in children's learning: An experimental and individual difference investigation. *Journal of Personality and Social Psychology, 52,* 890-898.
Grolnick, W. S., Ryan, R. M., & Deci, E. L. (1991). Inner resources for school achievement: Motivational mediators of children's perceptions of their parents. *Journal of Educational Psychology, 83,* 508-517.
Grossman, M., & Wood, W. (1993). Sex differences in intensity of emotional experience: A

social role interpretation. *Journal of Personality and Social Psychology, 65*, 1010-1022.
Guay, F., Boivin, M., & Hodges, V. E. (1999). Predicting change in academic achievement: A model of peer experiences and self-system processes. *Journal of Educational Psychology, 91*, 105-115.
Guay, F., Senécal, C., Gauthier, L., & Fernet, C. (2003). Predicting career indecision: A self-determination theory perspective. *Journal of Counseling Psychology, 50*, 165-177.
Gump, B. B., & Kulik, J. A. (1997). Stress, affiliation, and emotional contagion. *Journal of Personality and Social Psychology, 72*, 305-319.
Hagger, M. S., Chatzisarantis, N. L. D., Culverhouse, T., & Biddle, S. J. H. (2003). The processes by which perceived autonomy support in physical education promotes leisure-time physical activity intentions and behavior: A trans-contextual model. *Journal of Educational Psychology, 95*, 784-795.
Harris, J. A. (1997). A further evaluation of the aggression questionnaire: Issues of validity and reliability. *Behaviour Research Therapy, 35*, 1047-1053.
Harter, S. (1981). A new self-reported scale of intrinsic versus extrinsic orientation in the classroom: Motivational and informational components. *Developmental Psychology, 17*, 300-312.
Harter, S. (1988). *The self-perception profile for adolescence.* Denver: University of Denver.
Hartup, W. W., & Stevens, N. (1997). Friendships and adaptation in the life course. *Psychological Bulletin, 121*, 355-370.
Havighurst, R. J. (1943). *Human development and education.* Longmans, Green.
Hawley, P. H., Little, T. D., & Pasupathi, M. (2002). Winning friends and influencing peers: Strategies of peer influence in late childhood. *International Journal of Behavioral Development, 26*, 466-474.
Hayamizu, T. (1997). Between intrinsic and extrinsic motivation: Examination of reasons for academic study based on the theory of internalization. *Japanese Psychological Research, 39*, 98-108.
速水敏彦・田畑　治・吉田俊和（1996）．総合人間科の実践による学習動機づけの変化　名古屋大学教育学部紀要（教育心理学科），**43**, 23-35.
Hays, R. B. (1985). A longitudinal study of friendship development. *Journal of Personality and Social Psychology, 48*, 909-924.
Heerey, E. A., & Kring, A. M. (2007). Interpersonal consequences of social anxiety. *Journal of Abnormal Psychology, 116*, 125-134.
Hicks, L. (1997). How do academic motivation and peer relationships mix in an adolescent's world. *Middle School Journal, 28*, 18-22.
Hill, C. A. (1987). Affiliation motivation: People who need people...but in different ways. *Journal of Personality and Social Psychology, 52*, 1008-1018.
Hodgins, H. S., Koestner, R., & Duncan, N. (1996). On the compatibility of autonomy and relatedness. *Personality and Social Psychology Bulletin, 22*, 227-237.
本間友巳（2000）．中学生の登校を巡る意識の変化と欠席や欠席願望を抑制する要因の分析

教育心理学研究, **48**, 32-41.
Horst, S. J., Finney, S. J., & Barron, K. E. (2007). Moving beyond academic achievement goal measures: A study of social achievement goals. *Contemporary Educational Psychology*, **32**, 667-698.
保坂　亨・岡村達也（1986）．キャンパス・エンカウンター・グループの発達的・治療的意義の検討　心理臨床学研究, **4**, 15-26.
保坂　隆（2010）．ひとり老後は「友活」で決まる　ベスト新書
堀井俊章・小川捷之（1996）．対人恐怖心性尺度の作成　上智大学心理学年報, **20**, 55-65.
Hunter, F. T., & Youniss, J.(1982). Changes in functions of three relations during adolescence. *Developmental Psychology*, **18**, 806-811.
Hussong, A. M. (2000). Perceived peer context and adolescent adjustment. *Journal of Research on Adolescence*, **10**, 391-415.
Ide, J. K., Parkerson, J., Haertel, G. D., & Walberg, H. J. (1981). Peer group influence on educational outcomes: A quantitative synthesis. *Journal of Educational Psychology*, **73**, 472-484.
伊藤嘉奈子・工藤吉猛（2012）．高等学校の新入生オリエンテーションにおける構成的グループ・エンカウンターの実践的研究　鎌倉女子大学紀要, **19**, 61-69.
Jarvinen, D. W., & Nicholls, J. G. (1996). Adolescents' social goals, beliefs about the causes of social success, and satisfaction in peer relations. *Developmental Psychology*, **32**, 435-441.
Jehn, K. A., & Shah, P. P. (1997). Interpersonal relationships and task performance: An examination of mediating processes in friendship and acquaintance groups. *Journal of Personality and Social Psychology*, **72**, 775-790.
Johnson, D. W., & Ahlgren, A. (1976). Relationship between student attitudes about cooperation and competition and attitudes toward schooling. *Journal of Educational Psychology*, **68**, 92-102.
Jourard, S. M., & Laskow, P. (1958). Some factors in self-disclosure. *Journal of Abnormal and Social Psychology*, **56**, 91-98.
菅野　仁（2008）．友だち幻想―人と人との〈つながり〉を考える　ちくまプリマー新書
Karabenick, S. A. (2003). Seeking help in large college classes: A person-centered approach. *Contemporary Educational Psychology*, **28**, 37-58.
片山美由紀(1996)．否定的内容の自己開示への抵抗感と自尊心の関連　心理学研究, **67**, 351-358.
Keefe, K., & Berndt, T. J. (1996). Relations of friendship quality to self-esteem in early adolescence. *Journal of Early Adolescence*, **16**, 110-129.
Kenny, D. A., & La Voie, L. (1985). Separating individual and group effects. *Journal of Personality and Social Psychology*, **48**, 339-348.
Knee, C. R., Lonsbary, C., Canevello, A., & Patrick, H. (2005). Self-determination and conflict in romantic relationships. *Journal of Personality and Social Psychology*, **89**, 997-1009.
Koestner, R., Losier, G. F., Vallernad, R. J., & Carducci, D. (1996). Identified and introjected forms of political internalization: Extending self-determination theory. *Journal of*

Personality and Social Psychology, **70**, 1025-1036.

厚生労働省（2011）．全国家庭児童調査

久木山健一（2005）．青年期の社会的スキル改善意欲に関する検討　発達心理学研究，**16**, 59-71.

Kulik, J. A., & Mahler, H. I. M.（2000）. Social comparison, affiliation, and emotional contagion under threat. In J. Suls & L. Wheeler（Eds.）, *Handbook of social comparison: Theory and research*. New York: Kluwer Academic/Plenum Publisher. pp. 295-320.

熊野道子（2002）．自ら進んで自己開示する場合と尋ねられて自己開示する場合との相違　教育心理学研究，**50**, 456-464.

黒田祐二・桜井茂男（2001）．中学生の友人関係場面における目標志向性と抑うつとの関係　教育心理学研究，**49**, 129-136.

黒田祐二・桜井茂男（2003）．中学生の友人関係場面における目標志向性と抑うつとの関係に介在するメカニズム―ディストレス／ユーストレス生成モデルの検討　教育心理学研究，**51**, 86-95.

楠見幸子・狩野素朗（1986）．青年期における友人概念発達の因子分析的研究　九州大学教育学部紀要（教育心理学部門），**31**, 97-104.

La Gaipa, J. J.（1979）. A developmental study of the meaning of friendship in adolescence. *Journal of Adolescence*, **2**, 201-213.

Ladd, G. W., Herald-Brown, S. L., & Kochel, K. P.（2009）. Peers and motivation. In K. R. Wentzel & A. Wigfield（Eds.）, *Handbook of motivation at school*. New York: Routledge. pp. 323-348.

Laursen, B.（1996）. Closeness and conflict in adolescent peer relationships: Interdependence with friends and romantic partners. In W. M. Bukowski, A. F. Newcomb, & W. W. Hartup（Eds.）, *The company they keep: Friendship in childhood and adolescence*. New York: Cambridge University Press. pp. 186-210.

Laursen, B., Furman, W., & Mooney, K. S.（2006）. Predicting interpersonal competence and self-worth from adolescent relationships and relationship network: Variable-centered and person-centered perspectives. *Merrill-Palmer Quarterly*, **52**, 572-600.

Leary, M. R.（2001）. Toward a conceptualization of interpersonal rejection. In M. R. Leary（Ed.）, *Interpersonal rejection*. New York: Oxford Press. pp. 3-20.

Leary, M. R., & Baumeister, R. F.（2000）. The nature and function of self-esteem: Sociometer theory. In M. P. Zanna（Ed.）, *Advances in experimental social psychology, Vol.32*. San Diego, CA: Academic Press. pp. 1-62

Leary, M. R., Tambor, E. S., Terdal, S. K., & Downs, D. L.（1995）. Self-esteem as an interpersonal monitor: The sociometer hypothesis. *Journal of Personality and Social Psychology*, **68**, 518-530.

Lepper, M. R., Greene, D., & Nisbett, R. E.（1973）. Undermining children's intrinsic interest with extrinsic rewards: A test of the "overjustification" hypothesis. *Journal of Personality and Social Psychology*, **28**, 129-137.

Levesque, C., Zuehlke, A. N., Stanek, L. R., & Ryan, R. M.（2004）. Autonomy and competence

in German and American university students: A comparative study based on self-determination theory. *Journal of Educational Psychology*, **96**, 68-84.
Losier, G. F., Bourque, P. E., & Vallerand, R. J. (1993). A motivational model of leisure participation in the elderly. *The Journal of Psychology*, **127**, 153-170.
Losier, G. F., & Koestner, R. (1999). Intrinsic versus identified regulation in distinct political campaigns: The consewuences of following politics for pleasure versus personal meaningfulness. *Personality and Social Psychology Bulletin*, **25**, 287-298.
Losier, G. F., Perreault, S., Koestner, R., & Vallerand, R. J. (2001). Examining individual differences in the internalization of political values: Validation of the self-determination scale of political motivation. *Journal of Research in Personality*, **35**, 41-61.
Maccoby, E. (1990). Gender and relationships: A developmental account. *American Psychologist*, **45**, 513-520.
Maner, J. K., DeWall, N., Baumeister, R. F., & Schaller, M. (2007). Does social exclusion motivate interpersonal reconnection?: Resolving the "porcupine problem." *Journal of Personality and Social Psychology*, **92**, 42-55.
Marchand, G., & Skinner, E. A. (2007). Motivational dynamics of children's academic help-seeking and concealment. *Journal of Educational Psychology*, **99**, 65-82.
松井　仁・村田純子（1997）．青年用有能感調査票の検討　教育心理学研究, **45**, 220-227.
松尾直博・新井邦二郎（1998）．児童の対人不安傾向と公的自己意識，対人的自己効力感との関係　教育心理学研究, **46**, 21-30.
松岡陽子（2003）．動機づけの対人的文脈―「関係性」概念の再考を通して　心理学評論, **46**, 46-54.
Matsushima, R., & Shiomi, K. (2003). Developing a scale of self-efficacy in personal relationships for adolescents. *Psychological Reports*, **92**, 177-184.
McClelland, D. C. (1985). *Human motivation.* Cambridge, MA: Cambridge University Press.
Meece, J. L., Anderman, E. M., & Anderman, L. H. (2006). Classroom goal structure, student motivation, and academic achievement. *Annual Review of Psychology*, **57**, 487-503.
Miller, L. C., Berg, J. H., & Archer, R. L. (1983). Openers: Individuals who elicit intimate self-disclosure. *Journal of Personality and Social Psychology*, **44**, 1234-1244.
Miserandino, M. (1996). Children who do well in school: Individual differences in perceived competence and autonomy in above-average children. *Journal of Educational Psychology*, **88**, 203-214.
文部科学省（2011）．平成22年度児童生徒の問題行動等生徒指導上の諸問題に関する調査
Mounts, N. S., & Steinberg, L. (1995). An ecological analysis of peer influence on adolescent grade point average and drug use. *Developmental Psychology*, **31**, 915-922.
Multon, K. D., Brown, S. D., & Lent, R. W. (1991). Relation of self-efficacy beliefs to academic outcomes: A meta-analytic investigation. *Journal of Counseling Psychology*, **38**, 30-38.
中山留美子（2012）．グループ活動における対人関係への動機づけ―大学適応との関連の縦断的検討　日本教育心理学会第54回総会発表論文集, 678.
Newman, R. S. (1990). Children's help-seeking in the classroom: The role of motivational

factors and attitudes. *Journal of Educational Psychology*, **82**, 71-80.

Newman, R. S. (2002). What do I need to do to succeed...When I don't understand what I'm doing!?: Developmental influences on students' adaptive help-seeking. In A. Wigfield & J. S. Eccles (Eds.), *Development of Achievement Motivation*. San Diego, CA: Academic Press. pp. 285-306.

Nezlek, J. B. (2005). Distinguishing affective and non-affective reactions to daily events. *Journal of Personality*, **73**, 1 -30.

Nicholls, J. G. (1984). Achievement motivation: Conceptions of ability, subjective experience, task choice, and performance. *Psychological Review*, **91**, 328-346.

野﨑秀正 (2003). 生徒の達成目標志向性とコンピテンスの認知が学業的援助要請に及ぼす影響 教育心理学研究, **51**, 141-153.

Ntoumanis, N. (2005). A prospective study of participation in optimal school physical education using a self-determination theory framework. *Journal of Educational Psychology*, **97**, 444-453.

落合良行・佐藤有耕 (1996). 青年期における友達とのつきあい方の発達的変化 教育心理学研究, **44**, 55-65.

落合良行・竹中一平 (2004). 青年期の友人関係研究の展望―1985年以降の研究を対象として 筑波大学心理学研究, **28**, 55-67.

O'Connor, B. P. (1995). Family and friend relationships among older and younger adults: Interaction motivation, mood, and quality. *International Journal of Aging and Human Development*, **40**, 9 -29.

O'Connor, B. P., & Vallerand, R. J. (1990). Religious motivation in the elderly: A French-Canadian replication and an extension. *Journal of Social Psychology*, **130**, 53-59.

小口孝司 (1991). 母親の自己開示と養育態度が子どもの自己開示と学級集団への適応に及ぼす効果 社会心理学研究, **6**, 175-183.

大平 健 (1995). やさしさの精神病理 岩波書店

Ojanen, T., Findley, D., & Fuller, S. (2012). Physical and relational aggression in early adolescence: Associations with narcissism, temperament, and social goals. *Aggressive Behavior*, **38**, 99-107.

Ojanen, T., Sijtsema, J. J., Hawley, P. H., & Little, T. D. (2010). Intrinsic and extrinsic motivation in early adolescents' friendship development: Friendship selection, influence, and prospective friendship quality. *Journal of Adolescence*, **33**, 837-851.

岡田 涼 (2007). 内発的動機づけ研究の理論的統合と教師―生徒間の交互作用的視点 名古屋大学大学院教育発達科学研究科紀要 (心理発達科学), **54**, 49-60.

岡田 涼 (2008). 女子学生の日常における感情経験と自律的な動機づけとの関連―領域による差異の検討 感情心理学研究, **15**, 1 -12.

岡田 涼 (2009a). 学校適応に対する自律的動機づけの補償効果 東海心理学会第58回大会発表論文集, 22.

岡田 涼 (2009b). 他者からの拒絶が関係形成行動に及ぼす影響 名古屋大学大学院教育発達科学研究科紀要 (心理発達科学), **56**, 65-71.

岡田　涼（2010）．自己決定理論における動機づけ概念間の関連性―メタ分析による相関係数の統合　パーソナリティ研究，18, 152-160．

岡田　涼・中森仁美・中谷素之（2005）．高校生の自己開示・被開示が学校適応感に及ぼす影響―公的自己意識との関連から　学校カウンセリング研究，7, 23-30．

岡田　涼・中谷素之（2006）．動機づけスタイルが課題への興味に及ぼす影響―自己決定理論の枠組みから　教育心理学研究，54, 1-11．

岡田　涼・岡野史子・酒見惇子（2008）．自律的動機づけと友人関係場面における方略の産出　教育心理学フォーラム・レポート FR-2008-03

岡安孝弘・嶋田洋徳・坂野雄二（1993）．中学生におけるソーシャル・サポートの学校ストレス軽減効果　教育心理学研究，41, 302-312．

小野寺正巳・河村茂雄（2002）．中学生の学級内における自己開示が学級への適応に及ぼす効果に関する研究　カウンセリング研究，35, 47-56．

長田雅喜（1990）．対人魅力の研究と愛の問題　心理学評論，33, 273-287．

Osbaldiston, R., & Sheldon, K. M. (2003). Promoting internalized motivation for environmentally responsible behavior: A prospective study of environmental goals. *Journal of Environmental Psychology*, 23, 349-357.

Oswald, D., Clark, E. M., & Kelly, C. M. (2004). Friendship maintenance: An analysis of individual and dyad behaviors. *Journal of Social and Clinical Psychology*, 23, 413-441.

Otis, N., Grouzet, F. M. E., & Pelletier, L. G. (2005). Latent motivational change in an academic setting: A 3-year longitudinal study. *Journal of Educational Psychology*, 97, 170-183.

Otis, N., & Pelletier, L. G. (2005). A motivational model of daily hassles, physical symptoms, and future work intentions among police officers. *Journal of Applied social Psychology*, 35, 2193-2214.

Parker, J. G., & Asher, S. R. (1987). Peer relations and later personal adjustment: Are low-accepted children at risk? *Psychological Bulletin*, 102, 357-389.

Parker, J. G., & Asher, S. R. (1993). Friendship and friendship quality in middle childhood: Links with peer group acceptance and loneliness. *Developmental Psychology*, 29, 611-621.

Parrott, W. G. (2004). The nature of emotion. In M. B. Brewer & M. Hewstone (Eds.), *Emotion and Motivation*. Oxford: Blackwell Publishing. pp. 5-20.

Patrick, B. C., Skinner, E. A., & Connell, J. P. (1993). What motivates children's behavior and emotion?: Joint effects of perceived control and autonomy in the academic domain. *Journal of Personality and Social Psychology*, 65, 781-791.

Patrick, H., Anderman, L. H., & Ryan, A. M. (2002). Social motivation and the classroom social environment. In C. Midgley (Ed.), *Goals, goal structure, and patterns of adaptive learning*. Mahwah, NJ: Lawrence Erlbaum. pp. 85-108.

Patrick, H., Hicks, L., & Ryan, A. M. (1997). Relations of perceived social efficacy and social goal pursuit to self-efficacy for academic work. *Journal of Early Adolescence*, 17, 109-128.

Patrick, H., Ryan, A. M., & Kaplan, A. (2007). Early adolescents' perceptions of the classroom environment, motivational beliefs, and engagement. *Journal of Educational Psychology*, **99**, 83-98.

Pelletier, L. G., Dion, S. C., D'Angelo, M. S., & Reid, R. (2004). Why do you regulate what you eat? Relationships between forms of regulation, eating behaviors, sustained dietary behavior change, and psychological adjustment. *Motivation and Emotion*, **28**, 245-277.

Pelletier, L. G., Fortier, M. S., Vallerand, R. J., Tuson, K. M., Brière, N. M, & Blais, M. R. (1995). Toward a new measure of intrinsic motivation, extrinsic motivation, and amotivation in sports: The sport motivation scale (SMS). *Journal of Sport and Exercise Psychology*, **17**, 35-53.

Pelletier, L. G., Tuson, K. M., Green-Demers, I., Noels, K., & Beaton, A. M. (1998). Why are you doing things for the environment?: The motivation toward the environment scale (MTES). *Journal of Applied Social Psychology*, **28**, 437-468.

Pelletier, L. G., Tuson, K. M., & Haddad, N. K. (1997). Client motivation for therapy scale: A measure of intrinsic motivation, extrinsic motivation, and amotivation for therapy. *Journal of Personality Assessment*, **68**, 414-435.

Perry, D. G., Perry, L. C., & Rasmussen, P. (1986). Cognitive social learning mediators of aggression. *Child Development*, **57**, 700-711.

Phillipsen, L. C. (1999). Associations between age, gender, and group acceptance and three components of friendship quality. *Journal of Early Adolescence*, **19**, 438-464.

Plant, R., & Ryan, R. M. (1985). Intrinsic motivation and the effects of self-consciousness, self-awareness, and ego-involvement: An investigation of internally controlling styles. *Journal of Personality*, **53**, 435-449.

Reeve, J. (2006). Teacher as facilitators: What autonomy supportive teachers do and why their students benefit. *The Elementary School Journal*, **106**, 225-236.

Reeve, J., Nix, G., & Hamm, D. (2003). Testing models of the experience of self-determination in intrinsic motivation and the conundrum of choice. *Journal of Educational Psychology*, **95**, 375-392.

Reykowski, J. (1982). Motivation of prosocial behavior. In V. J. Derlega & J. Grzelak (Eds.), *Cooperation and helping behavior: Theories and research*. New York: Academic Press. pp. 355-375.

Richard, J. F., & Schneider, B. H. (2005). Assessing friendship motivation during preadolescence and early adolescence. *Journal of Early Adolescence*, **25**, 367-385.

Roeser, R. W., Midgley, C., & Urdan, T. C. (1996). Perceptions of the school psychological environment and early adolescents' psychological and behavioral functioning in school: The mediating role of goals and belonging. *Journal of Educational Psychology*, **88**, 408-422.

Roeser, R. W., Urdan, T. C., & Stephens, J. M. (2009). School as a context of student motivation and achievement. In K. R. Wentzel & A. Wigfield (Eds.), *Handbook of motivation at school*. New York: Routledge. pp. 381-410.

Rohrbeck, C. A., Ginsburg-Block, M. D., Fantuzzo, J. W., & Miller, T. R. (2003). Peer-assisted learning interventions with elementary school students: A meta-analytic review. *Journal of Educational Psychology*, **95**, 240-257.

Rosenberg, M. (1965). *Society and the adolescent self-image*. Princeton, NJ: Princeton University Press.

Roseth, C. J., Johnson, D. W., & Johnson, R. T. (2008). Promoting early adolescents' achievement and peer relationships: The effects of cooperative, competitive, and individualistic goal structures. *Psychological Bulletin*, **134**, 223-246.

Rubin, Z. (1970). Measurement of romantic love. *Journal of Personality and Social Psychology*, **16**, 265-273.

Ryan, A. M. (2000). Peer groups as a context for the socialization. *Educational Psychologist*, **35**, 101-111.

Ryan, A. M., Hicks, L., & Midgley, C. (1997). Social goals, academic goals, and avoiding seeking help in the classroom. *Journal of Early Adolescence*, **17**, 152-171.

Ryan, A. M., Kiefer, S. M., & Hopkins, N. B. (2004). Young adolescents' social motivation: An achievement goal perspective. In P. R. Pintrich & M. L. Maehr (Eds.), *Advances in Motivation and Achievement: Vol.13. Motivating students, improving schools: The legacy of Carol Midgley*. Greenwich, CT: JAI Press. pp. 301-330.

Ryan, A. M., & Pintrich, P. R. (1997). "Should I ask for help?" The role of motivation and attitudes in adolescents' help seeking in math class. *Journal of Educational Psychology*, **89**, 329-341.

Ryan, A. M., & Shim, S. S. (2006). Social achievement goals: The nature and consequences of different orientations toward social competence. *Personality and Social Psychology Bulletin*, **32**, 1246-1263.

Ryan, A. M., & Shim, S. S. (2008). An exploration of young adolescents' social achievement goals and social adjustment in middle school. *Journal of Educational Psychology*, **100**, 672-687.

Ryan, R. M. (1982). Control and information in the intrapersonal sphere: An extension of cognitive evaluation theory. *Journal of Personality and Social Psychology*, **43**, 450-461.

Ryan, R. M., & Connell, J. P. (1989). Perceived locus of causality and internalization: Examining reasons for acting in two domains. *Journal of Personality and Social Psychology*, **57**, 749-761.

Ryan, R. M., & Deci, E. L. (2000). Self-determination theory and the facilitation of intrinsic motivation, social development, and well-being. *American Psychologist*, **55**, 68-78.

Ryan, R. M., & Deci, E. L. (2002). Overview of self-determination theory: An organismic dialectical perspective. In E. L. Deci & R. M. Ryan (Eds.), *Handbook of self-determination research*. Rochester, NY: University of Rochester. pp. 3-33.

Ryan, R. M., Koestner, R., & Deci, E. L. (1991). Ego-involved persistence: When free-choice behavior in not intrinsically motivated. *Motivation and Emotion*, **15**, 185-205.

Ryan, R. M., La Guardia, J. G., Solky-Butzel, J., Chirkov, V., & Kim, Y. (2005). On the interpersonal regulation of emotions: Emotional reliance across gender, relationships, and cultures. *Personal Relationships*, **12**, 145-163.

Ryan, R. M., & Powelson, C. L. (1991). Autonomy and relatedness as fundamental to motivation and education. *Journal of Experimental Education*, **60**, 49-66.

Ryan, R. M., Rigby, S., & King, K. (1993). Two types of religious internalization and their relations to religious orientations and mental health. *Journal of Personality and Social Psychology*, **65**, 586-596.

酒井　厚・菅原ますみ・眞榮城和美・菅原健介・北村俊則（2002）．中学生の親および親友との信頼関係と学校適応　教育心理学研究, **50**, 12-22.

Salmivalli, C., Ojanen, T., Haanpää, J., & Peets, K. (2005). "I'm OK but you're not" and other peer-relational schemas: Explaining individual differences in children's social goals. *Developmental Psychology*, **41**, 363-375.

佐藤　德・安田朝子（2001）．日本語版PANASの作成　性格心理学研究, **9**, 138-139.

Schunk, D. H. (1995). Self-efficacy and education and instruction. In J. E. Maddux (Ed.), *Self-efficacy, adaptation, and adjustment.* New York: Plenum Press. pp. 281-303.

Schunk, D. H., & Pajares, F. (2002). The development of academic self-efficacy. In A. Wigfield & J. S. Eccles (Eds.), *Development of achievement motivation.* San Diego, CA: Academic Press. pp. 15-31.

Schunk, D. H., & Zimmerman, B. J. (1996). Modeling and self-efficacy influences on children's development on self-regulation. In J. Juvonen & K. R. Wentzel (Eds.), *Social motivation: Understanding children's school adjustment.* New York: Cambridge University Press. pp. 154-180.

Segrin, C., & Kinney, T. (1995). Social skills deficits among the socially anxious: Rejection from others and loneliness. *Motivation and Emotion*, **19**, 1-24.

Séguin-Levesque, C., Laliberté, M. L. N., Pelletier, L. G., Blanchard, C., & Vallerand, R. J. (2003). Harmonious and obsessive passion for the internet: Their associations with the couple's relationship. *Journal of Applied Social Psychology*, **33**, 197-221.

Seligman, C., Fazio, R. H., & Zanna, M. P. (1980). Effects of salience of extrinsic rewards on liking and loving. *Journal of Personality and Social Psychology*, **38**, 453-460.

Senécal, C., Julien, E., & Guay, F. (2003). Role conflict and academic procrastination: A self-determination perspective. *European Journal of Social Psychology*, **33**, 135-145.

Senécal, C., Vallerand, R. J., & Guay, F. (2001). Antecedents and outcomes of work-family conflict: Toward a motivational model. *Personality and Social Psychology Bulletin*, **27**, 176-186.

千石　保（1994）．マサツ回避の世代　PHP研究所

千石　保（2001）．新エゴイズムの若者たち―自己決定主義という価値観　PHP新書

瀬尾美紀子（2007）．自律的・依存的援助要請における学習観とつまずき明確化方略の役割：多母集団同時分析による中学・高校生の発達差の検討　教育心理学研究, **55**, 170-183.

Shahar, G., Henrich, C. C., Blatt, S. J., Ryan, R., & Little, T. D. (2003). Interpersonal relatedness, self-definition, and their motivational orientation during adolescence: A theoretical and empirical integration. *Developmental Psychology*, **39**, 470-483.

Shim, S. S., & Fletcher, K. L.（2012）. Perfectionism and social goals: What do perfectionists want to achieve in social situations? *Personality and Individual Differences*, **52**, 919-924.

嶋　信宏（1991）．大学生のソーシャルサポートネットワークの測定に関する一研究　教育心理学研究，**39**，440-447.

清水真木（2005）．友情を疑う―親しさという牢獄　中公新書

Slavin, R., Hurley, E. A., & Chamberlain, A.（2003）. Cooperating learning and achievement: Theory and research. In W. M. Reynolds & G. E. Miller（Eds.）, *Handbook of Psychology, vol. 7: Educational Psychology*. NY: John Wiley & Sons. pp. 177-198.

Soenens, B., & Vansteenkiste, M.（2005）. Antecedents and outcomes of self-determination in 3 life domains: The role of parents' and teachers' autonomy support. *Journal of Youth and Adolescence*, **34**, 589-604.

Stone, A. A.（1987）. Event content in a daily survey is differentially associated with concurrent mood. *Journal of Personality and Social Psychology*, **52**, 56-58.

菅原健介（1984）．自意識尺度（self-consciousness scale）日本語版作成の試み　心理学研究，**55**，184-188.

杉本裕司（2004）．「若者の友人関係の希薄化」という言説に関する考察　文学部論叢，**80**，53-69.

Sullivan, H. S.（1953）. *The interpersonal theory of psychiatry.* NY: Norton.

高木　修（1998）．人を助ける心―援助行動の社会心理学　サイエンス社

高橋英夫（2001）．友情の文学史　岩波新書

高比良美詠子（1998）．対人・達成領域別ライフイベント尺度（大学生用）の作成と妥当性の検討　社会心理学研究，**14**，12-24.

武長脩行（2012）．「友だちいない」は"恥ずかしい"のか―自己を取りもどす孤独力　平凡社新書

譚　紅艶・今野裕之・渡邉　勉（2009）．異文化の対人適応における動機づけの影響―中国人留学生を対象に　対人社会心理学研究，**9**，101-108.

田上不二夫（編）（2003）．対人関係ゲームによる仲間づくり―学級担任にできるカウンセリング　金子書房

Taylor, D. A.（1979）. Motivational bases. In G. J. Chelune（Ed.）, *Self-disclosure.* Jossey-Bass. pp. 110-150.

寺崎正治・古賀愛人・岸本陽一（1991）．多面的感情状態尺度・短縮版の作成　日本心理学会第55回大会発表論文集，435.

遠矢幸子（1996）．友人関係の特性と展開　大坊郁夫・奥田秀宇（編）　親密な対人関係の科学　誠信書房　pp. 89-116.

外山美樹（2006）．中学生の学業成績の向上に関する研究―比較他者の遂行と学業コンピテンスの影響　教育心理学研究，**54**，55-62.

辻　泉（2011）．ケータイは友人関係を広げたか　土橋臣吾・南田勝也・辻　泉（編著）デジタルメディアの社会学　北樹出版　pp. 50-66.

上野行良・上瀬由美子・松井　豊・福富　護（1994）．青年期の交友関係における同調と心

理的距離　教育心理学研究, **42**, 21-28.

Urdan, T. C. (1997). Examining the relations among early adolescent students' goals and friends' orientation toward effort and achievement in school. *Contemporary Educational Psychology*, **22**, 165-191.

Urdan, T. C., & Schoenfelder, E. (2006). Classroom effects on student motivation: Goal structures, social relationships, and competence beliefs. *Journal of School Psychology*, **44**, 331-349.

Valkenburg, P. M., & Peter, J. (2007). Preadolescents' and adolescents' online communication and their closeness to friends. *Developmental Psychology*, **43**, 267-277.

Vallerand, R. J. (1997). Toward a hierarchical model of intrinsic motivation and extrinsic motivation. In M.P. Zanna (Eds.) *Advances in experimental social psychology, vol.29*. San Diego: Academic Press. pp. 271-360.

Vallerand, R. J., & Bissonnette, R (1992). Intrinsic, extrinsic, and amotivational styles as predictors of behavior: A prospective study. *Journal of Personality*, **60**, 599-620.

Vallerand, R. J., Fortier M. S., & Guay, F. (1997). Self-determination and persistence in a real-life setting: Toward a motivational model of high school dropout. *Journal of Personality and Social Psychology*, **72**, 1161-1176.

Vallerand, R. J., & Losier, G. F. (1994). Self-determined motivation and sportsmanship orientations: An assessment of their temporal relationship. *Journal of Sport & Exercise Psychology*, **16**, 229-245.

Vallerand, R. J., & Ratelle, C. F. (2002). Intrinsic and extrinsic motivation: A hierarchical model. In E. L. Deci & R. M. Ryan (Eds.), *Handbook of self-determination research*. Rochester, NY: University of Rochester. pp. 37-63.

van der Molen, H. T. (1990). A definition of shyness and its implication for clinical practice. In W. R. Crozier (Ed.), *Shyness and embarrassment: Perspectives from social psychology*. New York: Cambridge University Press. pp. 255-285.

Vansteenkiste, M., Lens, W., Witte, S. D., Witte, H. D., & Deci, E. L.(2004). The 'why' and 'why not' of job search behaviour: Their relation to searching, unemployment experience, and well-being. *European Journal of Social Psychology*, **34**, 345-363.

和田　実 (1996). 同性への友人関係期待と年齢・性・性役割同一性との関連　心理学研究, **67**, 232-237.

Watson, P. J., Clark, L. A., & Tellegen, A. (1988). Development and validation of brief measures of positive and negative affect: The PANAS scales. *Journal of Personality and Social Psychology*, **54**, 1063-1070.

Webb, N. M., Ing, M., Kersting, N., & Nemer, K. M. (2006). Help seeking in cooperative learning groups. In S. A. Karabenick & R. S. Newman (Eds.), *Help seeking in academic settings: Goals, groups, and contexts*. Mahwah, NJ: Lawrence Erlbaum Associates. pp. 45-88.

Wei, M., Russell, D. W., & Zakalik, R. A. (2005). Adult attachment, social self-efficacy, self-disclosure, loneliness, and subsequent depression for freshman college students: A longitudinal study. *Journal of Counseling Psychology*, **52**, 602-614.

Weiner, B. (1985). An attributional theory of achievement-related emotion and motivation. *Psychological Review*, **29**, 548-573.

Wentzel, K. R. (1989). Adolescent classroom goals, standards for performance, and academic achievement: An interactionist perspective. *Journal of Educational Psychology*, **81**, 131-142.

Wentzel, K. R. (2005). Peer relationships, motivation, and academic performance at school. In A. J. Elliot & C. S. Dweck (Eds.), *Handbook of competence and motivation*. New York: Guilford Press. pp. 279-296.

Wentzel, K. R., Barry, C. M., & Caldwell, K. A. (2004). Friendships in middle school: Influences on motivation and school adjustment. *Journal of Educational Psychology*, **96**, 195-203.

Wentzel, K. R., & Erdley, C. A. (1993). Strategies for making friends: Relations to social behavior and peer acceptance in early adolescence. *Developmental Psychology*, **29**, 819-826.

Wheeler, V. A., & Ladd, G. W. (1982). Assessment of children's self-efficacy for social interaction with peers. *Developmental Psychology*, **18**, 795-805.

White, R. W. (1959). Motivation reconsidered: The concept of competence. *Psychological Review*, **66**, 297-333.

Wigfield, A., & Eccles, J. S. (2000). Expectancy-value theory of achievement motivation. *Contemporary Educational Psychology*, **25**, 68-81.

Williams, K. D., Cheung, C. K. T., & Choi, W. (2000). Cyberostracism: Effects of being ignored over the Internet. *Journal of Personality and Social Psychology*, **79**, 748-762.

Williams, G. C., Grow, V. M., Freedman, Z. R., Ryan, R. M., & Deci, E. L. (1996). Motivational predictors of weight loss and weight-loss maintenance. *Journal of Personality and Social Psychology*, **70**, 115-126.

Wilson, R. E., Gosling, S. D., & Graham, L. T. (2012). A review of Facebook research in the social sciences. *Perspectives on Psychological Science*, **7**, 203-220.

Windle, M. (1994). A study of friendship characteristics and problem behaviors among middle adolescents. *Child Development*, **65**, 1764-1777.

山本淳子・仲田洋子・小林正幸（2000）．子どもの友人関係認知および教師関係認知とストレス反応との関連―学校不適応予防の視点から　カウンセリング研究, **33**, 235-248.

山本真理子・松井　豊・山成由紀子（1982）．認知された自己の諸側面の構造　教育心理学研究, **30**, 64-68.

山中一英（1994）．対人関係の親密化過程における関係性の初期分化現象に関する検討　実験社会心理学研究, **34**, 105-115.

山脇由貴子（2010）．友だち不信社会―「となりのウワサ」が怖い　PHP新書

横塚怜子（1989）．向社会的行動尺度（中高生版）作成の試み　教育心理学研究, **37**, 158-162.

吉岡和子・高橋紀子（編著）（2010）．大学生の友人関係論―友だちづくりのヒント　ナカニシヤ出版

Young, J. F., Berenson, K., Cohen, P., & Garcia, J. (2005). The role of parent and peer support in predicting adolescent depression: A longitudinal community study. *Journal of Research on Adolescence, 15,* 407-423.

Zimmerman, B., & Martinez-Pons, M. (1988). Construct validation of strategy model of student self-regulated learning. *Journal of Educational Psychology, 80,* 284-290.

事項索引

【あ】
愛情　123

笑顔　82

【か】
外的調整　17, 33
外的報酬　121, 123
外発的動機づけ　17
学業達成　12
学業的援助要請　96, 98
学業的遅延行動　114
学習に対する充実感　98
学習に対する動機づけ　43
課題価値　15
学校適応　68, 69
葛藤　8
関係継続の意欲　84
関係性　16
関係性への欲求　19

共行動　123
興味　123
拒絶経験　130

ゲス・フー・テスト　10
原因帰属　15
言語的攻撃　76

攻撃行動　61
向社会的行動　8, 60, 62
公的自己意識　35
コンピテンス　35

【さ】
自己開示　8, 60, 68
自己決定意識　34
自己決定理論　16
自己効力感　15
自己調整学習方略　96
自尊心　76
社会情動選択理論　54
社会的再結合仮説　130
社会的スキル　7, 14
社会的スキル・トレーニング　5
社会的動機づけ　16
社会的認知理論　158
社会的目標　157
受容経験　130
所属感　16
自律性支援　144
自律性への欲求　19
身体的攻撃　76
親密さへの欲求　7
親和傾向　61, 82

精神的健康　25

ソーシャル・サポート　8
ソシオメーター理論　76
ソシオメトリック・テスト　10

【た】
大学生活への適応感　43
対抗心　8
対人関係の希薄化　5
対人不安　35
達成動機づけ　13, 15

達成目標理論　15, 156
短気　76

注視　82

敵意　76

同一化的調整　17, 33
取り入れ的調整　17, 33
動機づけの階層モデル　21
動機づけの発達差　48
統合的調整　17
同調　131

【な】
内在化　17
内発的動機づけ　15, 17, 33
内面的開示　70
仲間からの受容　16

認知的評価理論　121

【は】
発達課題　7

非動機づけ　17
表面的開示　70

返報性　60

方略　91
補償効果　114

【や】
役割葛藤　114

有機的統合理論　17
友人関係イベント　135
友人関係に対する充実感　62, 98
友人関係に対する自律的動機づけ　24
友人との学習活動　105
有能さへの欲求　19

抑制効果

【ら】
ライフ・イベント　121

【英語表記】
BAQ（Buss and Perry Aggression Questionnaire）　77
PANAS（Positive and Negative Affect Schedule）　84
RAI（Relative Autonomy Index）　33
SRQ（Self-Regulation Questionnaire）　32

人名索引

【A】

阿部千春　5
Adler, T.　9
Ahlgren, A.　97
相川　充　5, 14, 154
赤坂瑠以　161
秋月左都士　126
Ames, C.　160
Anderman, E. M.　11, 160
Anderman, L. H.　16, 97, 157, 160
安藤明人　77
安藤清志　60
新井邦二郎　35, 36, 158
Archer, R. L.　10
Asher, S. R.　9-11, 14, 154
Atkinson, J. W.　15

【B】

Bácskai, E.　76
Bandura, A.　15, 158
Barbaranelli, C.　158
Barefoot, J. C.　61
Bargh, J. A.　67, 123
Baron, R. M.　64, 72
Barrett, L. F.　144
Barron, K. E.　156
Barry, C. M.　10, 60, 91, 159
Baumeister, R. F.　16, 19, 81, 130
Beaton, A. M.　20
Berenson, K.　11
Berg, J. H.　10, 61, 88
Berndt, T. J　8-13, 25, 26, 61, 62, 115, 154
Biddle, S. J. H.　32
Bierman, K. L.　14, 154

Birch, S. H.　10, 16
Bissonnette, R.　32, 48
Blais, M. R.　20, 21, 25, 33, 42, 48, 49, 155, 159
Blanchard, C.　21
Blatt, S. J　85
Boggiano, A. K.　143
Boiché J. C. S.　114
Boivin, M.　16
Boucher, C.　21
Brewer, M. B.　131
Brière, N.M,　48
Brown, B. B.　9, 48
Brown, S. D.　158
Buhrmester, D.　7-10, 13, 25, 82
Bukowski, W. M.　9
Burk, W. J.　10
Buss, A. H.　76, 77

【C】

Cain, K. M.　156
Caldwell, K. A.　10
Canevello, A.　21
Caprara, G. V.　158
Carducci, D.　21
Carstensen, L. L.　54
Causey, D.　10
Chamberlain, A.　13
Chandler, C. L.　51, 54
Chantal, Y.　20
Charles, S. T.　54
Chatzisarantis, N. L. D.　20
Cheung, C. K. T.　131
Chirkov, V.　155

Choi, W.　131
Clark, E. M.　25
Clark, L. A.　84
Clasen, D. R.　9
Cohen, P.　11
Connell, J. P.　20, 32, 34, 35, 37, 49, 51, 54, 69, 99
Connolly, J. A.　25
Coyne, J. C.　84
Cross, S. E.　21
Cunningham, J. A.　68
Czobor, P.　76

【D】
Dahlstrom, W. G.　61
大坊郁夫　60, 159
d'Ailly, H.　32
deCharms, R.　19
Deci, E. L.　15-18, 19, 24, 26, 33, 35, 42, 47, 76, 120, 121, 123, 129, 130, 134, 135, 144, 155, 159, 160
出口拓彦　97
DeWall, N.　130
土井隆義　117, 161
Dovidio, J. F.　67
Downs, D. L.　76
Dubow, E. F.　10
Dumas-Hines, F.　156
Duncan, N.　23
Dweck, C. S.　15, 156

【E】
Eccles, J. S.　15
Eicher, S. A.　9
Elliot, A. J.　15, 156, 157
榎本博明　8, 11, 68
Erdley, C. A.　60, 91, 156
Eyssell, K. M.　144

【F】
Fantuzzo, J. W.　13, 97
Fazio, R. H.　121
Feather, N. T.　15
Fernet, C.　20
Findley, D.　158
Finney, S. J.　156
Fitzsimons, G. M.　67, 123
Fletcher, K. L.　157
Ford, M. E.　157
Fortier, M.S.　48
Fox, K.　32
Freeman, T. M.　16
藤井義久　44
藤野京子　23
藤原武弘　126
福富 護　23
Fuller, S.　158
Furman, W.　7-9, 13, 25, 26, 154
Furrer, C.　16
古市裕一　44, 69

【G】
Gable, S. L.　157
Gagné, M.　76
Garcia, J.　11
Gardner, W. L.　131
Gerevich, J.　76
Gilman, R.　11
Ginsburg-Block, M. D.　13, 97
Goodenow, C.　12, 16
Gore, J. S.　21
Gosling, S. D.　161
Goudas, M.　32
Grady, K. E.　12
Graham, L. T.　161
Greene, D.　15
Green-Demers, I.　20
Grolnick, W. S.　19, 20, 33, 42, 123
Grossman, M.　144

Grouzet, F. M. E.　48
Guay, F.　16, 20, 21, 114
Gump, B. B.　82, 83

【H】
Haanpää, J.　157
Haertel, G. D.　12
Hagger, M. S.　20
Hamm, D.　17
Harackiewicz, J. M.　156
Harris, J. A.　61, 76
Harter, S.　9, 15, 26
Hartup, W. W.　7, 48, 154
Havighurst, R. J.　7
Hawley, P. H.　90, 91
速水敏彦（Hayamizu, T.）　20, 32, 33, 37, 44, 99, 106
Hays, R. B.　61
Heerey, E. A.　87
Henrich, C. C.　85
Herald-Brown, S. L.　96
Hicks, L.　158, 159
Hill, C. A.　41
Hodges, V. E.　16
Hodgins, H. S.　23, 25, 155
本間友巳　11
Hopkins, N. B.　156
堀井俊章　36, 48
Horst, S. J.　156, 157
保坂　亨　48
保坂　隆　57
Hryshko, A.　10
Hunter, F. T.　13, 48
Hurley, E. A.　13
Hussong, A. M.　10

【I】
Ide, J. K.　12
Ing, M.　13
Issacowitz, D. M.　54

伊藤嘉奈子　5

【J】
Jarvinen, D. W.　157
Jehn, K. A.　13
Johnson, D. W.　97
Johnson, R. T.　97
Jourard, S. M.　8
Julien, E.　114

【K】
上瀬由美子　23
菅野　仁　5
狩野素朗　48, 62, 154
Kaplan, A.　159
Karabenick, S. A.　96
片山美由紀　60
河村茂雄　10, 11, 68
Keefe, K.　8, 9, 11, 12, 61, 62, 154
Kelly, C. M.　25
Kenny, D. A.　64, 72, 85
Kersting, N.　13
Kiefer, S. M.　156
Kim, Y.　155
Kinney, T.　14
岸本陽一　136
北村俊則　11
Klinger, C. A.　143
Knee, C. R.　21, 25, 96
小林正幸　11, 35, 42
Kochel, K. P.　96
Koestner, R.　20, 21, 23, 26
古賀愛人　136
Konarski, R.　25
今野裕之　91
Kornazheva, B. P.　76
Kring, A. M.　87
工藤吉猛　5
久木山健一　14
Kulik, J. A.　82, 83

191

熊野道子　　74
黒田祐二　　63, 156
黒川正流　　126
楠見幸子　　48, 62, 154

【L】
Ladd, G. W.　　10, 16, 96, 158
La Gaipa, J. J.　　60
La Guardia, J. G.　　144, 155
Laliberté, M. L. N.　　21
Laskow, P.　　8
Laursen, B.　　8, 10, 11, 23, 24
La Voie, L.　　85
Laychak, A. E.　　13
Leary, M. R.　　16, 19, 76, 81, 131
Leggett, E. L.　　15, 156
Lent, R. W.　　158
Leone, D. R.　　76
Lepper, M. R.　　15
Levesque, C.　　20, 33, 43, 76, 103
Little, T. D.　　85, 90, 91
Lonsbary, C.　　21
Loomis, C. C.　　156
Losier, G. F.　　20, 21, 42, 47

【M】
Maccoby, E.　　41
眞榮城和美　　11
Mahler, H. I. M.　　82
Main, D. S.　　143
Maner, J. K.　　130, 134
Mapes, R. R.　　157
Marchand, G.　　20, 32, 105
Martinez-Pons, M.　　96
松井　仁　　9, 36
松井　豊　　23, 77
松尾直博　　158
松岡陽子　　155
Matsushima, R.　　158
McClelland, D. C.　　15

McGregor, H.　　15
Meece, J. L.　　160
Midgley, C.　　16, 158
Miller, L. C.　　10
Miller, T. R.　　13
Miserandino, M.　　20, 112
Moller, A. C.　　144
Mooney, K. S.　　8
Mounts, N. S.　　12
Multon, K. D.　　158
村田純子　　9, 36

【N】
中森仁美　　8
仲田洋子　　11
中谷素之　　8, 43
中山留美子　　90
Nemer, K. M.　　13
Newman, R. S.　　96, 105, 111, 113
Nezlek, J. B.　　135
Nicholls, J. G.　　156, 157
Nisbett, R. E.　　15
Nix, G.　　17
Noels, K.　　20
野﨑秀正　　99
Ntoumanis, N.　　20, 32

【O】
大芦　治　　77
落合良行　　5, 51
O'Connor, B. P.　　20, 54
小川捷之　　36
小口孝司　　68
Ojanen, T.　　90, 157, 158
岡田　涼　　8, 11, 19, 32-34, 37, 38, 43, 48,
　　　　　　53, 61, 68, 85, 91, 114, 120, 131, 159
岡野史子　　91
岡安孝弘　　10
小野寺正巳　　10, 11, 68
大平　健　　5

長田雅喜　　129
Osbaldiston, R.　　20
Oswald, D.　　25, 60
Otis, N.　　20, 48

【P】

Pajares, F.　　158
Park, K.　　13
Parker, J. G.　　9-11
Parkerson, J.　　12
Parrott, W. G.　　135
Pastorelli, C.　　158
Pasupathi, M.　　91
Patrick, B. C.　　20, 32
Patrick, H.　　21, 157, 159
Peets, K.　　157
Pelletier, L. G.　　20, 21, 48
Penner, L. A.　　67
Perreault, S.　　42
Perry, D. G.　　158
Perry, L. C.　　158
Perry, M.　　76, 77
Peter, J.　　161
Phillipsen, L. C.　　10
Pickett, C. L.　　131
Pietromonaco, P. R.　　144
Pintrich, P. R.　　113
Plant, R.　　35
Powelson, C. L.　　16, 19
Powers, C. J.　　14, 154

【R】

Rasmussen, P.　　158
Ratelle, C. F.　　21, 22, 26, 33, 114, 155
Reeve, J.　　17, 160
Reid, G.　　10
Reis, H. T.　　25
Reykowski, J.　　67
Richard, J. F.　　20, 53, 90
Robin, L.　　144

Roeser, R. W.　　16, 160
Rohrbeck, C. A.　　13, 26, 96, 97
Rosenberg, M.　　77
Roseth, C. J.　　97
Rubin, Z.　　123, 126
Russell, D. W.　　158
Ryan, A. M.　　12, 26, 96, 113, 115, 156-159
Ryan, R. M.　　16-20, 24, 26, 32-35, 37, 42,
　　47, 49, 69, 76, 85, 99, 120, 121, 123, 130,
　　134, 135, 144, 155, 160

【S】

Sabourin, S.　　21
坂井明子　　77
酒井　厚　　11
酒見悸子　　91
坂元　章　　161
坂野雄二　　10
桜井茂男　　63, 156
Salmivalli, C.　　157
Sarrazin, P. G.　　114
佐藤　徳　　84
佐藤　純　　35, 36
佐藤有耕　　51
Schaller, M.　　130
Scheiner, M. J.　　144
Schneider, B. H.　　20, 53, 90
Schoenfelder, E.　　16, 155
Schunk, D. H.　　115, 158
Schwartz, A. J.　　160
Segrin, C.　　14
Séguin-Levesque, C.　　21
Seligman, C.　　121, 123-125, 129
Senécal, C.　　21, 114
千石　保　　5
瀬尾美紀子　　113
Shah, P. P.　　13
Shahar, G.　　85
Sheinman, L.　　160
Sheldon, K. M.　　20

193

Shim, S. S.　156, 157
嶋　信宏　8
嶋田洋徳　10, 77
島井哲志　77
清水弘司　8, 11, 68
清水真木　4
Shiomi, K.　158
Sijtsema, J. J.　90
Skinner, E. A.　16, 20, 32, 105
Slavin, R.　13, 26, 96
Soenens, B.　144
曽我祥子　77
Solky-Butzel, J.　155
Stanek, L. R.　20
Steinberg, L.　12
Stephens, J. M.　160
Stevens, N.　7, 48, 154
Stone, A. A.　135
Strassberg, D. S.　68
菅原健介　11, 36
菅原ますみ　11
杉本裕司　161
Sullivan, H. S.　7

【T】

田畑　治　33
田上不二夫　5
高木　修　63
高橋英夫　4, 5
高比良美詠子　121, 135, 136
武長脩行　147
竹中一平　5
玉木弘之　44, 69
Tambor, E. S.　76
譚　紅艶　91
Taylor, D. A.　60, 89
Tellegen, A.　84
寺崎正治　136
Terdal, S. K.　76
Tisak, J.　10

遠矢幸子　23, 24, 51
外山美樹　12
辻　泉　161
Tuson, K. M.　20, 48

【U】

上野行良　23
Urdan, T. C.　12, 16, 155, 160
Usunov, J.　76
宇津木成介　77

【V】

Valkenburg, P. M.　161
Vallerand, R. J.　20-22, 26, 32, 33, 42, 48, 51, 114, 155
van der Molen, H. T.　14
Vansteenkiste, M.　20, 144

【W】

和田　実　60
Walberg, H. J.　12
Walker, D. L.　10
渡邉　勉　91
Watson, P. J.　84
Webb, N. M.　13, 96
Wehner, E. A.　9, 26
Wei, M.　158
Weiner, B.　15
Wentzel, K. R.　10-12, 26, 60, 91, 96, 115, 157, 159
Wheeler, V. A.　158
White, R. W.　19
Wigfield, A.　15
Williams, G. C.　20
Williams, K. D.　131
Williams, R. B. Jr.　61
Wilson, R. E.　161
Windle, M.　10
Wittenberg, M. T.　25
Wood, W.　144

【Y】
山本淳子　　11
山本真理子　　77
山中一英　　61, 88
山成由紀子　　77
山脇由貴子　　5, 94, 161
山崎勝之　　77
安田朝子　　84
横塚怜子　　63
吉田俊和　　33

吉岡和子　　5
Young, J. F.　　11
Youniss, J.　　13

【Z】
Zakalik, R. A.　　158
Zanna, M. P.　　121
Zimmerman, B. J.　　96, 115
Zuehlke, A. N.　　20

あとがき

　最後まで読んでくださったみなさま，ありがとうございました。本書を読まれてどのような感想をもたれたでしょうか。「まえがき」で，私はモチベーションという視点が友人関係を理解するのに役立つかどうかを問うてみたいと書きました。いかがだったでしょうか。本書を執筆するにあたって，これまで自分で行ってきた研究を振り返りました。私自身は，それぞれの研究内容について改めておもしろいと思えた部分と，詰めが甘いと言わざるを得ない部分がありました。ですので，モチベーションの視点が役に立つと主張しようとすると，少し腰が引けてしまう部分もあるのが正直なところです。読んでくださった方々からも，「確かに役に立つ視点だ」という声も「そうでもないね」という声もあって然るべきだと思います（前者の方が多ければよいのですが…）。ただ，現実の友人関係はとても複雑です。「複雑なものを理解しようとするなら，一つでも視点は多い方がいいのかな」というのが，本書を書き終えた時点での自分にとっての落としどころです。

　本書は，私が2008年に名古屋大学大学院教育発達科学研究科に提出した博士論文「自律的動機づけによる友人関係の形成・維持過程に関する研究」を大幅に加筆，修正し，また博士論文提出後に行った研究を追加して再構成したものです。研究の出典で記したように，各章の研究はいくつかの学術論文として個別に発表されています。もし興味をもたれた方は，もとの論文の方もご一読いただければ幸いです。

　本書の完成までには，実に多くの方々からのご支援とご指導を賜りました。ここに記して感謝を申し上げたいと思います。博士論文の作成におきましては，中部大学人文学部教授（当時は名古屋大学大学院教育発達科学研究科教授）の速水敏彦先生から，厳しくも温かいご指導を賜りました。真摯に研究に向き合っておられる姿は，理想像として常に私の向かう先にあります。名古屋大学大学院教育発達科学研究科准教授の中谷素之先生，京都教育大学教育学部准教授の伊藤崇達先生には，公私にわたり大変お世話になりました。困難なことも

多いなかで，私が今の職に就き，細々とでも研究を続けていられるのは，先生方のご支援のおかげです。

　本書に掲載されている研究は，調査や実験に参加してくださったみなさまや実施の場と機会を与えてくださった先生方のご助力によって実施することができました。本書を執筆するなかで，心理学の研究がデータを提供してくださる方々のご厚意のもとに成り立っていることを改めて痛感し，それに報いられるように研究成果を社会に還元していかなければならないと強く思いました。本書がその一助となることを願っています。また，本書の刊行にあたっては，北大路書房編集部の奥野浩之さんと営業部の安井理紗さんに大変お世話になりました。実のところ，本書の問題意識や構成の仕方には，お二人からいただいたご意見やご質問が反映されている部分が少なくありません。今回の企画を通して，書籍は執筆者と出版社との共同作業として作りあげるものであることを実感しました。改めてお礼を申し上げます。

　最後に，変わらず支え続けてくれる父と母，妹，そして，いつも朗らかに寄り添ってくれている妻に心から感謝します。ありがとう。

　　　2013年1月

　　　　　　　　　　　　　　　　　　　　　　　　　　　　　岡田　涼

◆著者紹介

岡田　涼（おかだ・りょう）
1981年　三重県に生まれる
2008年　名古屋大学大学院教育発達科学研究科博士課程後期課程修了
現　在　香川大学教育学部講師　博士（心理学）
主　著　『［改訂版］やる気を育む心理学』（分担執筆）北樹出版　2010年
　　　　『自己愛の心理学―概念・測定・パーソナリティ・対人関係』（分担執筆）金子書房
　　　　　2011年
　　　　『自己調整学習―理論と実践の新たな展開へ』（分担執筆）北大路書房　2012年
　　　　『仮想的有能感の心理学―他人を見下す若者を検証する』（分担執筆）北大路書房
　　　　　2012年
　　　　『コンピテンス―個人の発達とよりよい社会形成のために』（分担執筆）ナカニシヤ
　　　　　出版　2012年

友だちとのかかわりを促すモチベーション
―自律的動機づけからみた友人関係―

2013年2月10日　初版第1刷印刷	定価はカバーに表示
2013年2月20日　初版第1刷発行	してあります。

著　者　　　岡　田　　　涼
発　行　所　　㈱北大路書房
〒603-8303　京都市北区紫野十二坊町12-8
電　話　(075) 431-0361㈹
Ｆ Ａ Ｘ　(075) 431-9393
振　替　01050-4-2083

Ⓒ2013　　　　　　　　　印刷・製本／亜細亜印刷㈱
検印省略　　落丁・乱丁本はお取り替えいたします。
ISBN978-4-7628-2794-5　　　　Printed in Japan

・ JCOPY 〈㈳出版者著作権管理機構 委託出版物〉
本書の無断複写は著作権法上での例外を除き禁じられています。
複写される場合は，そのつど事前に，㈳出版者著作権管理機構
（電話 03-3513-6969,FAX 03-3513-6979,e-mail: info@jcopy.or.jp）
の許諾を得てください。